KB079976

우리 손주 큰일 났네

원로경영인이 걱정하는
인구절벽, 그리고 대안

우리 손주 큰일 났네

원로경영인이 걱정하는 인구절벽, 그리고 대안

초판 1쇄 발행 2018년 12월 10일

지은이 고양명
발행처 예미
발행인 박진희

기획 김치호
진행 고종민
편집 이정환
디자인 김민정

출판등록 2018년 5월 10일(제2018-000084호)

주소 경기도 고양시 일산서구 중앙로 1568 하성프라자 601호
전화 031)917-7279 팩스 031)918-3088
전자우편 yemmibooks@naver.com

ISBN 979-11-964106-6-7 (03320)

• 책값은 뒤표지에 있습니다.
• ⓒ2018, 고양명, 이 책의 저작권은 저자에게 있습니다.
• 이 책의 내용의 전부 또는 일부를 사용하려면 반드시 저자와 출판사의 서면동의가 필요합니다.
• 출처가 명확하지 않은 본문 도판 및 연락처가 없어 사용 문의를 못한 기사는
저작권자와 추후 협의할 수 있습니다.

이 도서의 국립중앙도서관 출판예정도서목록(CIP)은 서지정보유통지원시스템 홈페이지(http://seoji.nl.go.kr)와 국가자료공동목록시스템(http://www.nl.go.kr/kolisnet)에서 이용하실 수 있습니다. (CIP제어번호 : CIP2018038228)

우리 손주 큰일 났네

원로경영인이 걱정하는 인구절벽, 그리고 대안

고양명 지음

예기

목차

우리나라는 남녀 두 명이 만나서 결혼하여 한 가정을 이루고, 아이를 1.05명밖에 낳지 않습니다. 세계에서 가장 낮은 출산율입니다. 두 사람이 만나 한 사람밖에 낳지 않으니 결국에는 우리나라 인구가 줄어들 수밖에 없습니다. 이대로 간다면 우리나라는 수백 년 후에는 지구상에서 없어질 나라가 된다고 합니다. 정말 큰일이 아닐 수 없습니다.

또 다른 한편으로는 우리나라의 의료의 수준이 높아지고, 경제력이 좋아짐에 따라 과거에는 치료를 못했던 질병들을 잘 치료하게 되었습니다. 또한 잘 먹고, 잘 살게 되고, 질병을 조기에 진단하고 치료하기 때문에 우리나라 국민의 평균 수명이 점점 높아지고 있습니다. 그 결과 대한민국은 노인 인구가 증가하여 65세 이상의 노인인구가 21%를 넘어서는 초고령 사회로 달려가고 있습니다.

나이가 들어 노화가 되면 인체의 기능이 쇠퇴하고, 스스로 자신의 몸을 돌볼 수가 없게 됩니다. 또한 직업을 더 이상 가지지 못하기 때문에 경제적으로 독립할 수 없게 됩니다. 그러면 노인들은 도움이 필요하게 됩니다. 젊은 사람들이 벌어서 노인인구를 부양할 수밖에 없습니다. 우리나라는 수십 년 전에는 젊은 인구가 많고 노인인구가 적었기 때문에 젊은 사람 여러 명이 노인 한 명을 부양하면 되었지만, 이제는 젊은 사람 한 명이 노인 한 명을 부양해야 하는 시기가 얼마 남지 않았습니다.

인생의 경험이 부족한 젊은 사람들은 자기 인생을 책임 있게 살아가기도 힘이 드는데, 노인 한 명을 직접 또는 간접적으로 돌봐야 한다니 우리나라 미래의 젊은이 인생이 더 힘들어질 것입니다.

정말로 "우리 손주 큰일 났네"라는 생각이 듭니다.

우리 손주들을 위해서, 그리고 우리나라 미래를 위해서, 저출산과 고령화 문제를 해결해야 합니다.

저출산과 고령화 사회의 두 가지 문제는 앞으로 우리나라에 경제, 사회, 문화 등 사회 전반에 심각한 문제를 초래할 것이 불을 보듯 명백합니다.

『우리 손주 큰일 났네』의 저자 고양명 회장님은 "서울대학교 노화고령사회연구소"에서 매년 개설하는 교육과정인 "장수사회선도 최고전략과정" 14기 과정에 입학하셔서 제가 처음으로 만나 뵙게 되었습니다.

서울대학교 노화고령사회연구소는 우리나라의 고령화 문제를 진단하고, 그 해결책을 제시하며, 나이가 들어도 우리 몸의 기능과 건강을 젊은이와 마찬가지로 유지할 수 있는 성공적 노화Successful Aging의 방법을 연구하는 연구소입니다. 서울대학교의 다양한 전공분야를 연구하는 교수님들이 다수 참여하고 있는 다학제 연구소입니다.

이 연구소에서는 매년 일반인들을 대상으로 앞으로 더 심각해질 고령사회, 즉 장수사회를 선도해 나갈 리더를 양성하기 위해 "장수사회선도 최고전략과정"을 매년 개설, 운영하고 있습니다. 이 과정에서는 성공적 노화를 달성하기 위해 필요한 의학지식을 공부하고, 고령사회에서 예측되는 경제, 사회, 문화적 문제를 진단하고 그 해결책에 대해서 연구하고 공부하게 됩니다.

이 과정을 졸업한 이 책의 저자인 고양명 회장님은 우리 교육과정을 가장 성공적으로 들으신 분일 것입니다. 첫 시간부터 마지막 시간까지 모든 강의를 정말로 열심히 들으시고, 우리나라의 저출산, 고령화 문제에 대해서 한 학기 내내 많은 걱정과 해결책에 대한 다양한 아이디어를 쏟아 내셨습니다.

특히 첫 시간에 제 강의를 들으시고는 우리나라의 저출산에 의한 인구절벽 문제는 정말로 큰일이라고 생각하시고 저를 만날 때마다 걱정과 해결책에 대한 아이디어를 많이 말씀해 주셨습니다. 그리고 어느 날 저출산에 대한 책을 쓰시겠다고 하셨습니다. 또 얼마를 지나서는 책을 거의 마무리하였다며, 저에게 추천사를 부탁하시는 것을 보고 정말 아이디어가 풍부하고, 실천력이 대단한 분이구나 생각했습니다.

초고를 읽어보고 저자가 제안한 대한민국의 저출산 문제를 극복할 아이디어는 정부 관계자들이 한번 검토해 볼 만한 좋은 아이디어라고 생각했습니다.

물론 국가적인 정책을 만들 때 향후 예상되는 문제점, 필요한 재원 등 고려할 점도 많고, 저자의 아이디어가 아직 다듬어야 할 부분이 많을 수 있지만, 큰 그림에서는 한번 시도해 볼 만한 정책이라고 생각했습니다. 프랑스에서 이미 비슷한 아이디어로 저출산의 문제를 해결한 사례도 있다고 합니다.

우리나라는 200조원을 쏟아 붓고도 저출산의 문제를 해결하지 못하고 있습니다. 해결의 조짐은 보이지 않고 점점 문제가 심각해지고 있습니다. 조만간 대한민국의 한 가정당 출산율이 1.05명에서 1.0이 무너질 가능성이 높아지고 있습니다. 정말 심각한 국가적 위기 상황이 아닐 수 없습니다. 이제는 아이를 낳는 가정에는 국가가 전폭적인 지원을 해주어야 한다는 저자의 생각에 100% 동의합니다. 아이를 낳으면 국가에서 모든 부담을 해서 키워주워야 할 때가 되었다고 생각합니다. 책에서 강조된 것처럼 아이는 국가의 자산이기 때문입니다.

『우리 손주 큰일 났네』에서는 우리나라 젊은 부모들이 아이를 낳지 않는 이유를 분석하고, 문제를 해결한 대안을 제시하고 있습니다. 저자는 제약회사에 평생을 근무한 약사이지만, 자신의 전문 분야가 아닌 저출산이란 사회적 문제에 관심을 가지고, 많은 자료조사와 조사한 자료를 면밀히 검토하고, 해외의 저출산 극복 사례를 연구하였습니다. 그 결과 우리나라의 저출산의 원인을 나름 규정하고, 그 해결책을 제시하고 있습니다. 또한 반드시 해결해야 할 국가적 문제인 저출산을 "하면 된다", "안 되면 되게 하라"라는 긍정 마인드와 추진력을 가지고 우리나라 전문가들과 정부 책임자들에게 책임감을 가지고 해결하라고 책 곳곳에서 강조하고, 주문하고 있습니다.

이 책을 꼭 읽어보시기 바랍니다. 우리나라의 저출산 문제가 가지고 올 미래에 대해서 생각해 보시기 바랍니다. 비록 전문가가 쓴 책은 아니지만, 저자가 많은 조사와 연구결과에 근거하여 제시하고 있는 저출산 해결책은 매우 타당한 정책으로 추진해 볼 만하다고 생각합니다. 전문가보다 더 적극적으로 해결책을 제시하고 정부를 압박하는 모습에 감명을 받을 수밖에 없을 것입니다. 그리고 "하면 된다"라는 긍정 마인드로 평생을 살아온 저자의 생활 철학도 배울 수 있을 것입니다.

"만혼을 조혼으로" 바꾸는 국민운동을 펼치자 하십니다. "초고령화 사회의 해결책은 곧 저출산 해결책"이라고 하십니다. 여성들이 마음 놓고 일하고 아이를 낳고 기를 수 있는 환경을 만들어주는 기업, 곧 젊은 부부를 후원하는 기업이 국민들로부터 존경받는 미래 기업이 될 것이라며 윈윈Win-Win 전략을 제안하십니다.

저자가 우리나라를 사랑하고, 우리나라의 미래를 걱정하는 마음에 진심으로 큰 감명을 받았습니다. 그리고 저자의 아이디어로부터 시작한 독자들의 저출산 해결을 위한 작은 생각의 변화가 우리나라의 저출산, 고령화사회 문제를 해결하는 국민운동으로 퍼져나갈 수 있기를 기대해 봅니다.

2018년 11월 정진호 교수

서울대학교 노화고령사회연구소 소장
서울대학교 의과대학 피부과학교실 주임교수

나는 왜 이 책을 쓰게 되었는가?

며칠 전 새벽잠이 깼다. 나이가 들어가나 보다. 사랑하는 손자가 편히 살 수 있는 세상을 물려주고 싶다. 그러나 아이들을 낳지 않는다니 큰일이다.

나는 65세에 일을 그만두었다. 딱히 할 일이 없다. 나이가 들어 공부가 하고 싶어졌다. 그런데 우연히 신문에서 서울대학교 의과대학에서 학생모집을 한다는 광고를 보고 지원했고, 지난 3월 '장수사회선도 최고전략과정'에 입학했다. 그리고 지난 8월에 졸업했다.

첫날 첫 시간에 나의 마음을 사로잡은 한 장의 슬라이드가 있었다. 슬라이드를 보는 순간 "아이고, 우리 손주 큰일 났네"라는 말이 절로 나왔다.

2026년 한국에서는 1명이 벌어 1명을 부양

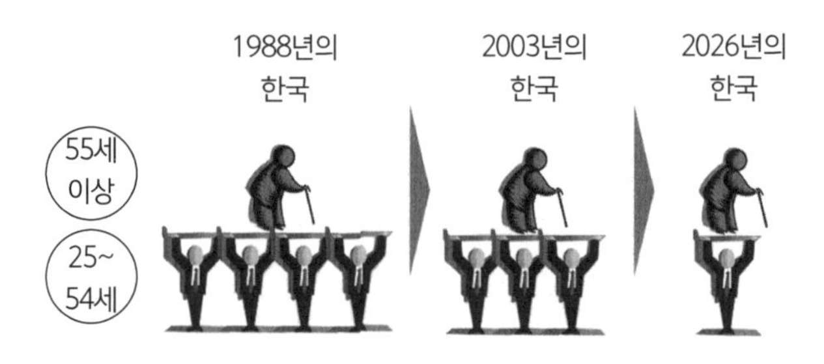

젊은 층, 허리가 휜다

(서울의대 정진호 교수 장수과학 교육자료 중에서 인용)

2026년부터 젊은 사람 한 명이 늙은 사람을 한 명씩 부양해야 한다니 나는 어떻게 해서라도 이런 일은 막아야 한다고 생각한다. 이유야 여러 가지가 있겠으나 지금 여성들은 사회참여가 쉬워졌고 또 많아졌다. 시험으로 선발되는 분야마다 두각을 나타내고 있다. 또한 고등교육을 받은 여성들은 가정에서 전업주부로 지내기보다는 사회에서 본인들의 꿈을 실현하려는 경향이 많아졌다.

나아가 우리가 지금 살고 있는 세상은 힘을 쓰던 농업사회나 산업사회를 넘어 지식정보화사회이며 이미 4차 산업사회의 초입에 들어섰다. 이러한 새로운 산업환경은 남성들보다는 여성들에게 더 적합하다. 앞으로 여성들의 활동이 더욱 많아질 것으로 예상된다.

저출산 문제는 비단 우리나라만의 문제는 아니지만 우리나라는 유독 급격하게 출산율이 떨어져 문제를 일으키고 있다. 우리 자식 세대들은 우리 세대와 비교해 좋은 환경에 살았으면서 3포세대니, 헬조선이니 하더니, 이제는 조상들을 어떻게 보려고 아이들을 낳지 않다니, 참으로 큰일이다.

자연의 섭리는 자손을 낳아 기르고 또 그들의 보살핌 속에 다시 자연으로 돌아가는 것이 아닌가? 그래서 나는 만나는 사람마다 출산율 실태를 설명하고 함께 힘을 합치자고 의견을 구해보지만 대부분 사람들은 "잘 알고 있다", "전문가들이 다 알아서 할 것이다", "전문가도 아니면서 왜 그러느냐?" 면서 나에게 그만두라고 한다.

정부는 15년 전부터 사태의 심각성을 알고 준비를 해 왔다. 그러나 200조[1]의 국가예산을 사용했지만 아직까지 해답을 내놓지 못하고 있다. 아니 해결은커녕 출산율은 오히려

---

1 각 자료마다 130조, 157조, 200조 등으로 통계자료가 달라 편의상 200조로 통일한다.

더 급속하게 떨어지고 있으며 이제는 '인구절벽'이라는 말이 공공연하게 사용되고 있다.

그래서 정부의 정책을 쭉 살펴보았다. '고객중심으로 일을 추진했다'기보다는 지원책이 너무 복잡했다. 젊은 부부들이 호응할 것 같지 않았다.

무엇보다도 아이들의 부모에게 돌아가는 최종금액이 너무나 적었다. 이와 같은 금액을 지원해 준다고 누가 아이를 낳아 기르겠는가? 오히려 젊은 부모들이 현명하다는 생각이 들었다.

다음은 2018년 9월 4일 자 《조선일보》에 나와 있는 기사이다.[2]

> 전문가들은 "중앙정부와 지자체가 만든 관련 제도가 2000개쯤 된다"고 했다. …… 수도권 30~40대 남녀 1345명에게 "2000개 정책 중 본인에게 해당하는 게 있었느냐"고 물었다. 응답자 열 명에 일곱 명(72%)이 "전혀 혹은 거의 없었다"고 답했다.
>
> "저출산 정책이 효과가 있었다고 보느냐"는 질문에도 네 명에 세 명(75%)이 "도움 안 됐다"고 답했다.

2 김수혜 기자, 「3040세대 75% "저출산정책 2000개? 내겐 도움 안 돼"」, 《조선일보》, 2018년 9월 4일

사람들은 전문가가 다 알아서 할 것이라고, 내가 전문가도 아니면서 왜 사서 고생을 하느냐고 말한다. 내가 몰라서 나서는 게 아니다. 나도 나서고 싶지 않다. 다만 전문가들이 지금까지 많은 돈과 시간을 들여 출산 장려정책들을 폈음에도 불구하고 국민들의 피부에 크게 와닿지 않는다는 것이 문제다.

그 정책들의 면면을 들여다보니 고객인 젊은 부부들에게 물어보고 나서, 무엇이 문제인지 확인했어야 했다는 생각이 들었다. 고객에 대한 니즈needs 파악이 부족해 보였다.

나는 이 책을 쓰기 위해서 미래의 나의 고객들과 직접 인터뷰를 진행했다. 은행사무원, 호텔에 있는 결혼하지 않은 여직원들과 인터뷰도 했다. 커리어우먼인 며느리에게도 여러 차례 의견을 구했다. 과거 나의 직원들과 전화로 인터뷰도 했다.

그리고 노인들, 내 친구들, 장수학교의 동료들과도 끊임없이 인터뷰를 했다. 오죽하면 미국 여행 중 비행기 안에서 스튜어디스와도 의견을 나누었다. 그녀는 얼마 전에 결혼을 했다고 한다. "정말 주위에서 조금만 도움을 주어도 아이를 많이 낳고 싶다"는 이야기를 듣고 힘을 얻어 이제 마지막 원고를 수정하고 있다.

나는 이 문제에 관심을 갖게 되자마자 여기저기 도움을 청했다. 마침 옛날 회사의 친구가 (저)출산에 대한 자료들을 인터넷으로 검색하여 보내주기 시작했다. 통계청 자료들도 찾아 보내 주었다.

그 덕분에 나는 인구 전문가들의 기고문도 찾을 수 있는 한 모두 읽어 보았다. 지금까지 관련 연구소들의 해외 출장 보고서 또한 꼼꼼히 다 읽어 보았다. 프랑스, 스웨덴 등의 저출산 극복 성공 사례들도 읽어 보았고, 기자들의 칼럼들 역시 구할 수 있는 데까지 구해서 읽어 보았다. 그간 '한국보건사회연구원', '저출산고령사회위원회'가 만든 800페이지의 보고서도 살펴보았다.

내가 평소에 존경하던 은퇴하신 노盧교수님과는 저출산 문제의 해결방안에 대한 의견이 달라 열띤 토론을 하기도 했다. 심지어 절친한 친구와는 3시간에 걸쳐 전화 토론을 하기도 했다. 그러나 최근 발표되는 우리나라의 저출산 결과는 더더욱 나빠지고 있다.

'프랑스 출산 정책'의 성공사례를 그대로 또는 일부 수정하여 우리 정부가 우리나라의 출산 우선 정책을 수립했더라면 하는 아쉬움이 남는다.

나는 누구를 탓하고자 이 글을 쓰는 것이 아니다. 지금부터라도 내가 제시하는 안을 잘 검토하여 봐 달라는 이야기를 하고 싶은 것이다. 나는 내 안을 채택 시행하면 우리나라를 구할 수 있다는 신념으로 이 글을 쓰고 있다.

지식과 지혜는 다르다. 지식은 학교에서 얼마든지 배울 수 있다. 그러나 지혜는 반드시 경험을 통해서 얻어지는 것이 아닌가?

나는 40년간 일선 현장에서 영업사원을 시작으로, 한 회사의 대표이사 사장까지 한 경험이 있다. 손녀와 손자를 두고 있는 70세의 젊게 살려고 노력하는 나이 든 사람이다. 남들은 나를 나이 든 늙은이로 취급하지만 그렇지 않다. 나에게는 꿈이 있다. 꿈이 있는 한 우리는 청춘이다.

내가 이렇게까지 하는 이유는 할아버지의 손녀·손자 사랑으로 이해해 달라. 결코 내 손주들에게 헬조선을 물려줄 수는 없다. 한편으로는 내 안이 받아들여질 때까지 고생을 마다하지 않고 추진하다 보면 나 같은 사람도 언젠가는 전문가 못지않은 수준이 되어 있을 것이라는 오기도 생겼다.

어떤 분은 설문조사 등 철저한 사전 분석을 해야 할 것이라고 조언한다. 모두 다 맞는 이야기다. 시간과 예산과 인적 지원만 있다면, 나도 그러고 싶다. 중요한 사실은 현재 우리나라가 출산율이 급격하게 추락하고 있는 인구절벽의 상태라 문제가 크다는 것이다. 절벽이란 한발만 삐끗해도 천 길 아래로 떨어지는 낭떠러지를 말하는 것이 아닌가? 지구상에서 없어질 최초의 국가가 될 것이라는 보고서가 나왔다는 이야기도 들었다.

지난 3월 신학기가 시작되었는데 얼마 전에 졸업을 했다. 벌써 6개월이 지났다. 그사이 내가 "얼마나 많은 사람들에게 저출산 문제에 대한 나의 생각을 역설했었나?"를 생각해 보았다.

나는 사명감을 갖고 이 일을 즐긴다. 이제 책의 목차가 정해졌다. 책 발간에 대한 추천사를 써 주실 분도 정해졌다. 출판사도 정해졌고, 출판 계약서도 작성했다.

나는 마케팅맨이다. 책 출판에 앞서 나의 생각들을 사전에 요소요소에 알려야 한다. 이는 출판 전부터 사람들이 책에 관심을 갖도록 출판 전 마케팅 작업을 하는 것이다. 소위 프리-마케팅Pre-Marketing이다.

나는 오랫동안 글로벌 제약회사의 영업·마케팅 부사장으로 재직했다. 글로벌 제약회사들이 가장 중요시하는 것 중의 하나가 신제품을 발매하기 수년 전부터 마케팅을 하는 것이다. 이것이 바로 프리마케팅이다. 각 분야의 오피니언 리더들을 만나서 사전에 정보를 주고 의견도 듣고 토론도 한다.

이미 나는 몇 분의 오피니언 리더들을 만나 설명하는 자리를 가졌다. 국민 없는 국가는 존재할 수 없다. 따라서 국가 안보를 사명으로 하는 재향군인회 회장님을 맨 처음으로 만나 설명을 드렸다. 종교 지도자들도 만났다. 앞으로 더 많은 분야의 리더들을 만날 계획이다.

나는 영업맨이다. 그래서 대한노인회, 여의사회, 여약사회, 간호사회 등 여러 유관 단체를 방문하여 내 뜻이 실현될 수 있도록 활동을 할 계획이다. 나는 결코 내 손주들에게 헬조선을 물려주지 않겠다.

2018년 9월

과천 서재에서 청계산을 바라보며...

저출산·고령사회위원회 간담회, “인구위기 해결 골든 타임” 강조
등록 : 2017-12-27 00:00 데일리안 이충재 기자

▲ 문재인 대통령은 26일 "지금이 심각한 인구위기 상황을 해결할 수 있는 마지막 골든타임"이라며 "출산장려를 넘어 여성의 삶 문제까지 관심을 갖고 해결하는 쪽으로 나아가야 한다"고 말했다.(자료사진)ⓒ청와대

신문지상이나 매스컴에서 얼마 전부터 부쩍 출산을 주제로 한 칼럼들의 횟수가 늘어난 것 같다. 얼마 전에는 앞의 기사에 나온 것처럼 대통령의 한숨소리도 들었다.[3]

그뿐만이 아니다. 어제(2018년 9월 3일)는 《조선일보》 1면에서 「올해 '0.9 쇼크' … 저출산 마지노선 무너진다」라는 기사를 보기도 했다.[4]

올해 "0.9 쇼크"… 저출산 마지노선 무너진다 조선일보 김수혜 기자, 박순찬 기자

나는 1박 2일로 마음속 모든 소원이 이루어진다는 '나한도량' 오대산 북대 미륵암에 다녀왔다. 나는 가톨릭 신자지만 종교의 맹신자는 아니다. 열린 마음의 소유자다. 나는 벌써 4번째로 오대산 북대北臺를 찾았다.

심신의 피로도 풀고, 나옹선사가 수련을 쌓던 그 바위 위에서 "청산은 나를 보고 말없이 살라 하고…"로 시작하는 나옹선사의 선시仙詩도 목이 터져라 불렀다. 대의 정기를 받고

---

3 이충재 기자, 「"200조 썼는데, 저출산대책 실패" 문 대통령의 탄식」, 《데일리안》, 2017년 12월 27일

4 김수혜 기자, 박순찬 기자, 「올해 '0.9 쇼크' … 저출산 마지노선 무너진다」, 《조선일보》, 2018년 9월 3일

돌아왔다.

책의 큰 줄거리는 다 잡았다. 빠진 것은 없는지, 내가 너무 개인적인 생각으로 치우치지는 않았는지 마음을 비우고 싶었다.

자기중심에서 빠져나와야, 제삼자의 입장에서 안을 바라볼 수 있다. 독자, 소비자의 입장에서 볼 때, 내가 쓰는 용어가 적당한가는 중요한 문제다.

이것이 바로 고객 중심 경영이다. 고객의 마음을 읽고 내 제품을 소개해야 소비자인 독자가 내 제품을 살 것이기 때문이다. 고객입장에서 고객의 목소리로 고객에게 다가가야 한다.

내가 생각하는 대한민국의 위기를 순서대로 나열하면 다음과 같다: 1. 인구절벽, 2. 미래 먹거리, 3. 비만, 4. 치매, 5. 경제.

왜 경제를 앞 순위로 꼽지 않고 뒤로 미뤘냐고 하겠지만, 우리나라 경제인들이 어떤 분들인가? 이보다 더 혹독한 시련도 잘 극복할 수 있는 실력을 갖추고 있는 훌륭한 분들이 아닌가?

그러나 인구절벽 문제에 대해서는 '이 사람이라면 이 문제를 해결한 방안을 제시할 수 있을 것'이라고 내 머리에 번뜩 떠오르는 분이 없었다.

늦었다고 생각하는 지금이 가장 빠른 시점이다. 정신을 가다듬고 우리 함께 문제를 풀어 보기로 하자.

다 잊자!! 실패는 없다고 하지 않는가? 다만 '이렇게 하면 안 되는 것이다'라는 것을 배웠지 않은가? 값진 교훈을 배운 것이다.

내가 생각하기에 여성들이 출산을 기피하는 현상에는 다음과 같은 원인들이 있다.

첫째, 집 사기가 어렵다. 물론 그런 면도 있지만 절대적이라고 볼 수는 없다.

둘째, 애들 교육비가 많이 든다. 이 또한 반드시 그렇지는 않다. 우리는 산업사회, 지식정보화의 사회를 넘어 이제는 4차 산업사회의 입구에 살고 있다. 우리가 사는 세상을 잘 이해하고 있다면, 과외비나 유학비를 많이 안 들이고도 아이들을 잘 키울 수 있는 방법이 있지 않을까?

셋째, 고학력이며 경제적 자립도가 높은 여성들이 많아졌다. 이제는 여성들이 남성들보다 좋은 성적을 거두고 있으며, 여성의 사회 참여가 쉬워지고 많아졌다. 거기에다 지식정보화사회는 여성에게 더 적합한 사회다. 나는 4차 산업사회는 여성의 리더십에 더 어울리는 사회라고 생각한다.

이런 이유들 때문이 아닐까? 또 여성들의 권익이 신장되고 사회적 지위가 높아졌다. 시험으로 뽑히는 자리는 여성들이 더 많다. 남자들은 술 마시고 친구와 어울리느라 공부를 안 하니, 결과는 뻔하다. 남자들은 성적이 떨어진다. 여성들이 모두 상위권에 있다. 여성은 홍일점을 잘 견딘다. 그러나 청일점들은 못 견딘다.

넷째, 출산은 커리어의 중단을 의미한다. 따라서 자유로운 출산 분위기 조성을 더 강화해야 한다. 그런 회사 사례가 이미 있다. 내가 일생을 보낸 회사다. 여성임원들이 숫자가 더 많은 회사다.

다섯째, 현모양처를 가장 무능한 여인으로 보는 사회 풍조가 젊은 부부들 사이에 있지 않나 생각한다.

그러나 현모양처는 가장 가치 있는 아름다움이다. 다시

현모양처이면서 커리어우먼이 될 수 있도록 남편이 도와주고, 시부모가 도와주고, 회사가 도와주는 대한민국을 만들어 가야 한다.

여섯째, 미국, 일본 등지에서 넘어온 딩크Double Income No Kids 바이러스의 영향을 받고 있다고 생각한다. 바이러스는 침투속도가 빠르다. 백신을 개발하여 우리 국민들을 지켜야 한다.

참으로 아이러니하다. 1970년 내가 첫 사회진출을 했을 때와 지금을 비교해 보자. 국제부흥개발은행의 1975년 대한민국의 1인당 GNI[5]가 $650인 반면에, 2017년 GNI는 $28,380다.

경제적인 풍요는 지금이 훨씬 좋다. 그러나 그때 우리는 가난했지만 "하면 된다. 안 되면 되게 하라"는 패기가 있었다. 취업 문제, 입을 것, 먹을 것 등 모든 여건이 지금보다 나빴다.

---

5 '국민총소득'을 의미하는 'Gross National Income'의 줄임말이다. GNI는 한 나라의 국민이 국내외 생산 활동에 참가하거나 생산에 필요한 자산을 제공한 대가로 받은 소득의 합계이다. 1인당 GNI는 명목 GNI를 한 나라의 인구수로 나누어 구하며, 국제 비교를 위하여 보통 시장환율로 환산하여 미 달러($)화로 표시한다.

경제적인 풍요는 확실히 지금이 더 낫다. 그러나 하면 된다는 열정, 패기는 어디로 갔을까? 요즘 젊은이들 사이에는 "삼포세대"라는 자조가 있다. 또는 헬조선이라고도 한다. 젊은이들을 보면서 무엇으로 설명을 해야 할지 잘 모르겠다.

물론 저출산이 비단 우리나라만의 현상은 아니다. 다만 우리나라 출산율의 감소 비율이 지나치게 가파르다. 반면에 최장수 국가로 가는 속도가 너무 빠르다. 그래서 갭gap이 생긴다. 갭은 큰 위험을 내포하고 있다. 그 위험은 곧 연금, 의료보험의 파산으로 이어질 것이 뻔하다.

이대로 보고만 있을 수는 없다. 나는 국가단위 경영은 아니지만, 작은 규모의 회사 경영을 한 경험이 있다. 회사의 평균 수명은 20년이라고 한다. 우리 회사는 50년이 넘었다. 그간 몇 번의 어려운 고비도 넘겼다. 그 고비, 고비마다 피 말리는 나날이었지만 우리는 극복해 냈다.

지금 대한민국의 "인구절벽"도 잘 극복하면, 오히려 위기가 기회로 반전될 호기가 될 것이다. 위기는 곧 기회가 될 수 있으니 지금의 위기를 합심하여 극복하자. 그리고 21세기 리더국가로 발돋움하자. 이번 출산 절벽의 위기를 새로운 시대의 리더로 발돋움하는 기회로 삼았으면 한다.

한편으로 프랑스나 스웨덴 등의 저출산 극복 성공 사례 또한 존재한다.

프랑스는 제2차 세계대전으로 많은 사람들이 죽어 1945년 이래로 인구를 다루는 별도의 기구가 있다.

다시 나의 경험을 통해서 이야기하는 것이 좋을 것 같아 내 개인적인 일이지만 간단하게 소개하고자 한다.

1973년 7월 나는 H약품에 응시하여 공개 채용이 되었다. 나는 약사다. 당시 약사들은 영업부에서 2~3년 사회 경험을 쌓고 약국을 개업하는 것이 일반적인 경우였다. 처음 2년은 학술부에서 영업을 지원하는 업무를 했다. 그러다 내가 직접 영업을 하겠다고 지원하여 영업부로 자리를 옮겼다.

당시의 시장 상황은 약국 시장이 95%를 점유하고 있었고 내가 속한 병원 영업부는 고작 5% 정도의 시장 크기여서 대부분의 사람들은 약국 영업부를 지원했다.

그런데 나는 처음부터 종합병원담당이 되었다. 나는 1972년 6월 30일부로 육군 중위로 예편하고 단 하루의 휴가도 없이 바로 다음 날부터 N 의료기 회사에 출근하였다.

돈을 벌어야 했기 때문에 곧바로 생활 전선에 뛰어든 것이었다. 그리고 1년 후 H사 공채에 지원해 합격했다. 62세까지 그 회사에서 청춘을 불사르고 인생을 배웠다. 평사원으로 입사하여 36년을 일했다. 대표이사 사장이 된 것이다. 50년 역사의 최우수 합작회사의 제4대 사장이 되었다.

합작회사라 사장 임명 발표를 받기 전에 파리 본사를 방문하여 그쪽 중역들과 인사를 하고 돌아와서 발표가 났다.

1989년 나는 H약품의 서울 지점장이었다. 프랑스 루셀Roussel사는 H약품과 기술제휴계약을 맺고 있었는데 자기들도 한국에 독자적인 회사를 설립하려고 했다. 당시에 미스터 H가 우리나라에 와서 주재하고 있었다.

나는 대학병원을 관장하는 지점장이어서 그 친구의 제품을 조금 신경을 써주었더니 그 친구 입장에서 볼 때 내가 고마웠던 모양이다. 그게 인연이 되어 오늘의 내가 있게 되었다. 이 모두가 인연을 소중히 여기는 나의 성격 때문이 아닌가 생각한다. 그래서 나는 영업·마케팅 부장으로 부서를 옮겼다.

30년 전 루셀Roussel Korea사 아시아태평양회의가 서울에서 열렸었다. 나 또한 한국 측 대표 중 한 사람으로 참석했다. 그때 프랑스는 저출산으로 고민이 많은 시기였다. 나이 든 임원이 나에게 한국의 대가족제도가 부럽다고 했었다. 그런데 그 프랑스는 다시 인구가 증가하고 있다. 피나는 노력 끝에 거둔 성과이다.

그들은 매년 GDP[6]의 5~6%를 출산 지원 정책자금으로 쓴다. 그 돈이 국민의 50%에게 직접적인 혜택으로 돌아간다고 한다. 노력 끝에 거둔 성과이다.

2018년 9월 4일을 기준으로 프랑스의 GDP의 5.5%는 160,927.8로서 우리 돈으로 계산하면 약 179조 8400억 원이다. 한편 대한민국의 GDP의 5.5%는 93,128.5로서 우리 돈으로 계산하면 약 104조 711억 원이다.[7,8]

그런데 2018년 대한민국 국가 예산은 428.8조이다.[9] 그리고 내년도 출산 장려예산이 30조라고 한다.[10] 이 예산은

---

6 '국내총생산'을 뜻하는 'Gross Domestic Product'의 줄임말이다. '국내총생산'은 한 나라의 영역 내에서 가계, 기업, 정부 등 모든 경제주체가 일정 기간 동안 생산한 재화 및 서비스의 부가가치를 시장가격으로 평가하여 합산한 것이다.

7 프랑스와 대한민국의 GDP 단위는 100만 US$이다.

8 자세한 내용은 '7장 아이들은 국가 자산이다' 참조

9 출처: 2018년 기획재정부 나라살림 예산 개요 최종본

10 아직 국회통과 여부가 남아 있으며 확정된 것은 아니다.

GDP의 약 1.67%이다. 프랑스(179조 8400억 원)와 비교해도 너무 적다.

프랑스와 같은 수준으로 쓰면 우리의 출산 예산은 104조 711억 원이 되어야 한다. 따라서 출산 장려 예산을 더 늘려야 한다.

2018 기획재정부 주요분야별 자원배분 예산 (단위: 조원, %)

구분	2017년(A)	2018년(B)	증감	
			(B-A)	%
총지출	400.5	428.8	28.3	7.1
1.보건 복지 고용	129.5	144.7	15.2	11.7
※ 일자리	17.1	19.2	2.2	12.6
2.교육	57.4	64.2	6.8	11.8
※지방교육재정교부금	42.9	49.5	6.6	15.4
3.문화 체육 관광	6.9	6.5	△0.4	△6.3
4.환경	6.9	6.9	△0.0	△0.3
5.R&D	19.5	19.7	0.2	1.1
6.산업 중소기업 에너지	16.0	16.3	0.2	1.5
7.SOC	22.1	19.0	△3.1	△14.2
8.농림 수산 식품	19.6	19.7	0.1	0.5
9.국방	40.3	43.2	2.8	7.0
10.외교 통일	4.6	4.7	0.2	3.5
11.공공질서 안전	18.1	19.1	0.9	5.1
12.일반 지방행정	63.3	69.0	5.6	8.9
※지방교부세	40.7	46.0	5.2	12.9

(출처: 2018 기획재정부 나라살림 예산 개요 최종본)

내 개인적인 의견이지만 우리는 산아제한 정책을 강력히 시행했었기 때문에 우리의 기억을 지우려면 더 강력한 홍보 전략이 필요할 것이다. 따라서 더 많은 예산이 필요하다.

브레인스토밍Brain Storming이 필요하다. 폭풍으로 머리를 흔들어 놓자. 산아제한의 악몽에서 새로운 아이디어를 창출하자.

또한 집행 방법을 단순화하고, 이미 애를 낳아 기르고 있는 가정에 소급하여 축하금을 줘야 한다. 왜냐하면 앞으로는 "아이는 국가의 자산"이라는 개념으로 봐야 하기 때문이다. 이를 근거로 볼 때 국가의 정책이 없는데도 불구하고, 아이를 출산하여 어렵게 애국하고 있는 "숨은 애국자들을 뒤늦게나마 국가가 챙겨준다"는 개념을 심어줘야 한다.

메시지도 간단명료해야 한다. 메시지를 개발해야 한다. 내년도 출산 장려금으로 30조를 책정했다는 소문이 있다. 40조로 상향하여 줄 것을 건의한다. 왜냐하면 기출산 가정에도 축하금을 줌으로써 더 많은 국민들로부터 애를 낳겠다는 의욕과 호응을 받게 될 것이기 때문이다. 이렇게 되면 목표 달성은 더 쉬워지고 용이해진다. 목표 달성이 더 빨라질 것이다.

국가의 출산 목표는 "향후 5년 내 40만 명"으로 정하자. 중·단기 목표로 설정하자. 당해 연도 목표를 각각 설정하여야 한다.

예를 들어 2019년에는 35만 명, 2020년에는 36만 명, 2021년 37만 명, 2022년에는 39만 명, 2023년 41만 명—이렇게 목표를 설정하고 나면, 당해 연도 목표를 달성하기 위한 구체적인 달성 계획들을 수립할 수 있을 것이다. 민관이 합심하여 함께 뛰어서 목표를 달성해야 한다. 그래야 목표지향적인 국민이 되는 것이다.

국가 출산 목표달성을 위해 "출산 축하금을 현금으로 지급하자"는 제안을 해 본다. 방법을 개략적으로 살펴보면 다음과 같다.[11]

첫애를 출산하면 1억 원, 둘째 애를 출산하면 2억 원, 셋째 애를 출산하면 3억 원을 축하금으로 지급한다.

이들 금액 중 각각 5천만 원, 1억 5천만 원, 2억 5천만 원

11 자세한 내용은 '3장 출산 축하금을 주자' 참조

은 부모에게 지급하는데 다음과 같은 방법으로 한다.

매월 생활비로 100만 원씩 50개월 동안(첫아이), 150만 원씩 100개월(8.4년) 동안(둘째 아이) 그리고 200만 원씩 125개월(10.5년) 동안(셋째 아이) 아이 양육비로 아이가 태어난 일자에 부모가 등록한 은행 통장으로 자동 입금되도록 한다.

나머지 5천만 원은 아이가 성인이 되는 성인식 날에 지급한다. 다만 시간적인 여유를 두고 검토할 사항이지만, 이 돈은 또 그 아이가 결혼하고 국민을 생산하는 데 써야 한다는 조건을 둔다. 예를 들어 결혼을 안 하는 경우에는 지급을 보류할 수 있다. 예외조항으로 사고로 인한 장애로 결혼을 못할 경우, 결혼하는 성직자는 예외로 하고 성직을 은퇴할 시 지급한다.

이렇게 할 때 국민이 일심 단결하여 국가 목표를 달성하려고 하는 의지가 생긴다. 이것이 바로 리더십이다.

회사나 국가의 리더들은 반드시 직원이나 국민들에게 국가나 회사가 약속을 지킨다는 믿음을 심어 주는 리더십을 보여 주어야 할 것이다.

앞에서 서술한 것처럼 중단기적 목표로 "2019~2024 출생아 수를 40만 명"으로, 즉 적어도 5년 후인 2024년 목표가 40만 명은 되어야 하겠다는 '국민적 합의 목표'를 세우고 2019년 출산 장려금을 30조에서 40조로 상향 책정한다고 해보자. 이럴 때 30조 원은 2019년 출생을 위한 40만 명 목표에 대한 예산 배정이고, 10조 원은 기출생한 아이들을 기르는 가정과 아이 앞으로 배정할 예산이다. 물론 10조 원에 대한 예산은 더 검토할 사항이 많아 추후 결정된 후 좀 더 상세한 안이 되도록 하는 국민적 합의가 필요하다.

내가 예측하기로 **"위와 같이 출산 축하금을 주고 아무리 급브레이크를 잡더라도 금년보다 출산아 수는 더 떨어졌다가 다시 상승하기 시작"**할 것이다.

커뮤니케이션은 속도가 굉장히 느리고 잘 흐르지 않는다. 지금 강력한 인센티브 정책은 가속도를 줄이는 효과가 먼저 나타날 것이다. 그러다가 사람들이 혜택을 받았다는 입소문이 나기 시작하면, 엄청난 속도로 퍼져 나갈 것이다.

대한민국은 200조의 국가예산을 썼으나 효과가 너무 미미해 보인다. 현금 200조는 200만 명에게 1억 원씩 줄 수 있는 엄청난 액수의 돈이다.

내년도 출산지원예산으로 30조 이상을 책정한 것으로 파악하고 있다. 더 배정될 움직임이다. 이 돈이면 30만 명의 아이들 가정에 1억 원씩, 30만 가구에 혜택을 줄 수 있다.

극약 처방은 제대로 쓰면 성공이고 잘못 쓰면 사람이 죽는다. 또 돈은 갈기갈기 찢어서 푼돈으로 쓰면 실패한다.

임신도 때가 있다. 가임기가 있다. 우리나라 결혼 연령이 남자 32.9세, 여자 30.24세이다.[12] 우리나라 평균 결혼 연령이 30세를 넘었다. 여자가 30세를 넘겨서 결혼을 한다는 것은 출산할 수 있는 기회가 그만큼 적어진다는 의미다.

내가 오랫동안 알고 지낸 대한민국의학한림원 회원이신 노교수님께 전화를 했다. "대한민국이 인구절벽을 맞고 있습니다. 따라서 제가 지금 마케팅적 측면에서 보는 해결안에 대하여 책을 쓰고 있습니다"라고 설명을 드리고, 가임기와 출산에 대하여 자문을 구했다.

---

12 2017년 통계청 자료에 의거했다.

교수님께서는 "중요한 일을 하는구나" 하시면서 "자료를 찾아 알려주겠다"고 하셨다. 다음 날 저녁 무렵에 전화가 왔다. 『저출산 극복을 위한 의료계의 제언』이라는 책 한 권을 주셨다. 일단 글을 쓰고 당신께 내용을 알려주면 감수를 해 주시겠다고 한다. 천군만마千軍萬馬를 얻고 돌아와서 또 글을 썼다.

교수님께서는 현재처럼 결혼을 늦게 하면 아이들을 낳기가 수월하지 못하다고 말씀하신다.

만혼을 조혼으로 판을 확 바꾸면 문제가 쉽게 풀릴 수 있다는 생각이 머리를 스쳤다. 이틀 전 오대산 스님과의 대화에서 영국은 나이 어린 아이가 임신을 하여도 나라가 잘 보살펴 출산을 돕는다는 얘기를 들었다고 예를 말씀하신 것과 일치하지 않는가?

사실 나는 대학을 졸업하고 1~2년 사회 경험을 하는 나이를 25세로 보고 잠재고객의 수, 잠재적 인구수를 계산하고 있었다. 이렇게 되면 법적 성인이 되는 만 19세부터의 인구로 바꾸어야 하겠구나 하는 생각이 났다.

그래서 통계청 자료를 가공해 보기로 했다. 인구절벽의

문제를 풀 수 있는 아이디어가 떠올랐다. '학자금 대출'처럼 '결혼준비금 대출제도'를 국가가 만들어 시행하면 될 것이다.

연령구간 인구수	남성	여성	총 인구수	남녀 인구갭	남(%)	여(%)
0~19세	5,035,540	4,704,083	9,739,623	331,457	51.70%	48.30%
20~29세	3,587,959	3,223,008	6,810,967	364,951	52.68%	47.32%
30~39세	3,772,868	3,595,781	7,368,649	177,087	51.20%	48.80%
40~59세	8,698,249	8,494,707	17,192,956	203,542	50.59%	49.41%
60~99세	4,757,279	5,891,220	10,648,499	-1,133,941	44.68%	55.32%
100세 이상	4,024	13,826	17,850	-9,802	22.54%	77.46%
합계	25,855,919	25,922,625	51,778,544	-66,706	49.94%	50.06%

(자료: 통계청)

연령별 인구 분포(2017)

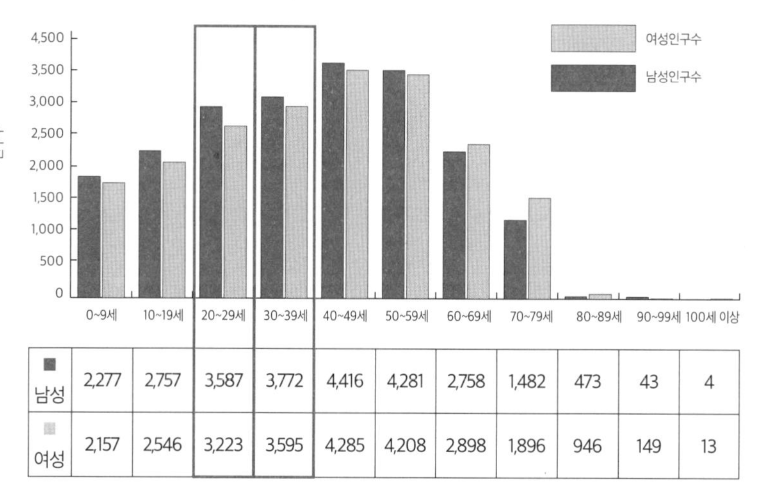

	0~9세	10~19세	20~29세	30~39세	40~49세	50~59세	60~69세	70~79세	80~89세	90~99세	100세 이상
■ 남성	2,277	2,757	3,587	3,772	4,416	4,281	2,758	1,482	473	43	4
■ 여성	2,157	2,546	3,223	3,595	4,285	4,208	2,898	1,896	946	149	13

(자료: 통계청)

그래서 통계청 인구데이터를 가공 처리해 보았다. 이게 웬 떡이야! 편의상 20~29세까지의 인구 중 여성인구가 322만 명이니 이론상 전원이 결혼하고 1년 안에 출산한다고 가정한다면, 322만 명의 아이가 10개월 후면 태어날 수 있다는 과학적인 판단을 할 수 있었다.

현실적으로 달성 가능한 신생아 수를 10%로 예상하면 무리일까? 아니다. 가능한 수치의 목표다. 이 출산 예측 신생아의 출산수치는 지금 통계청에서 예측하는 신생아 숫자와 매우 유사하다. 32만 명이 된다.

2018년 출생아 예상 숫자를 30만 명대로 예상하고 있고 이론상 새로운 그룹이 32만 명이니 합하면 62만 명이 된다. 물론 이론상으로 예상되는 수치다. 다만 이를 현실화시키려는 노력을 하자고 생각했다.

정부가 주도하여 "만혼晩婚에서 조혼早婚으로 판을 바꾸자"는 출산 장려정책 슬로건을 만들자. "하면 된다", "안 되면 되게 하자"는 정신으로 무장하자. 그러면 모든 문제가 해결되었다. 이론을 현실화하는 데에는 정부와 민간 기업, 각종 사회단체들, 노인회, 여성단체, 재향군인회, 종교단체 등 수많은 사회의 리더 그룹들과 함께 노력하는 일만 남았다.

국민의 의식을 바꾸려면 정책을 수립하고 꾸준히 설득하여야 한다. 학자들은 연구하고 그 결과를 논문으로 발표한다. 그것이 그 교수의 업적이다. 논문을 발표했다고 문제를 해결한 것은 아니지 않은가? 문제점만 나열하지 말고 해결책에도 신경을 써 주시는 학자들이 많이 나오기를 바란다.

생각해보자!! 나는 일생을 영업마케팅 분야에서 보냈다. 수많은 성공과 실패를 경험했다. 비즈니스의 세계에서 뛰는 수많은 기업인들은 생명을 걸고 일한다. 아무리 밤잠을 설치고 일하더라도 결과물을 만들어 내지 못하면 영점이다. 그러나 노는 것처럼 일하지만 좋은 성과를 내는 사람들도 볼 수 있다. 그래서 나는 운칠기삼運七氣三이라는 것을 살면서 배웠다.

최초의 항생제인 페니실린이 어떻게 개발되었나를 보자. 우연히 발견한 곰팡이가 인류생명을 연장한 치료제가 되었다. 또한 우리가 가장 흔히 쓰는 3M의 포스트잇Post-it이 어떻게 발명되었는가를 생각해 보자(자료는 쉽게 찾아볼 수 있으니 생략한다).

아무리 좋은 아이디어가 있더라도 아이디어로 끝난다면 결과물이 없다. 그리고 좋은 제품이라고 홍보를 하지 않으면 사람들이 알지 못하니 결국은 없어진다. 그래서 제품이 중요한가 아니면 마케팅이 중요한가 하는 논쟁은 비즈니스 세계에서는 끝없이 계속될 것이다.

세계에서 처음으로 혁신적인 제품을 계속적으로 발명할 수만 있다면 당연히 제품이 마케팅보다 중요하다고 생각한다. 그러나 현실은 그렇지 못하다. 세계 최초로 발명품, 신제품을 계속해서 만들어 낸다는 것은 불가능하다. 따라서 나는 기술혁신이 가장 중요하다고 하면서 벤처만이 살 길이라고 하는 정책을 보면 마케팅이 얼마나 중요한가를 간과하는 것은 아닌가 하는 생각이 든다. 그리고 나라의 정책을 결정하는 분들이 마케팅이 얼마나 중요한 것인지를 알아주었으면 한다.

찾아보면 기술보다 마케팅으로 성공한 예들이 많다는 사실을 간과해서는 안 된다. 나는 일생을 일선 영업과 마케팅 현장에서 보내면서 긍정적인 마인드가 가장 중요하다고 믿는 사람이다.

사람들은 만혼에서 조혼으로 판을 확 바꾸자는 나의 제안을 보고 불가능하다고 생각할 것이다. 그러나 나는 그렇게 생각하지 않는다. 긍정의 힘을 믿는다. 사회 초년병 시절에 우연히 읽었던 『신념의 마력』이라는 책을 보고 나서 수줍은 청년에서 긍정적·적극적인 현재의 나로 조금씩 변해왔던 지난 몇십 년의 추억들이 생각난다. 강력한 마케팅 전략에 의하여 사람들의 행동을 변화시킬 수 있다고 확신한다. 포기하지 않고 꾸준히 국민을 설득해가면 사람들의 생각이 바뀌고, 생각이 바뀌면 행동이 바뀐다. 행동이 바뀌면 천성도 바뀐다 하지 않는가?

한 인간의 운명이나 한 국가의 운명도 모두 생각하기 나름이다. 하면 된다는 다짐으로 꾸준히 노력하면 안 될 일이 어디에 있나? 처음부터 안 된다고 하면 100퍼센트 안 되는 것이다. 문제는 나이 들어 결혼하면 아이를 낳고 싶어도 낳을 수 없다는 것이다. 조혼만이 본인들을 위해서도 좋은 일이다. 공부를 끝내고 나서 결혼을 하겠다, 집을 사고 나서 아이를 갖겠다, 아이들 키우기가 힘들어서 안 낳겠다. 다 좋다. 하지만 지금의 생각이 10년, 20년, 50년 후에도 변치 않을 수 있을까?

백세 인생이다. 아이를 안 낳겠다는 사람들은 젊음이 영원하지 않다는 자연의 이치를 잘 생각해보라. 출산에는 때가 있다. 어쩌면 지금 마음을 고쳐먹어도 이미 때가 늦었는지도 모르겠다.

내 아이들을 키울 때는 자식들이 귀엽다 정도였다면 할아버지가 된 지금에는 모든 아이들이 너무나 귀엽고 사랑스럽다고 느낀다.

아이들은 우리의 미래다. 아이들 없다면 대한민국은 사라진다. 사라져가는 대한민국을 다시 우리들이 힘으로 일으켜 세우겠다는 단합된 국민의 마음이 다시 생기도록 국가지도자들이 리더십을 발휘해 주면 된다.

위기는 기회다. 판을 확 바꾸면 대한민국은 더 젊은 국가가 되고, 헬조선이라고 자조하는 우리 젊은이들의 탄식 또한 사라질 것이며, 새로운 희망의 나라가 될 것이다.

판을 확 바꾸는 일은 정부가 맨 앞에 서고 국가지도층에서 밀고 나가면 된다. 이렇게 된다면, 나는 내 손주들에게 헬조선을 물려주지 않게 되어, 두 발 뻗고 잘 수 있을 것이다.

하나만 더 제시하고 이만 줄이려 한다. 아이는 몸으로만 낳는 것이 아니다. 가슴으로도 낳을 수 있다!! 입양이라는 방법도 우리는 생각해야 한다.

입양은 나라를 젊게 하고, 또한 어려운 시절에 우리의 어린 생명들을 보살펴준 많은 국가들에게 빚을 갚을 수 있는 방법이다.

전 세계 방방곡곡에서 우리의 손길을 기다리는 어린 생명들을 입양하자. 물론 국내입양도 적극적으로 하자. 법을 고치자. 열린 마음의 국민답게 사는 것이 세계의 리더 국가가 되는 길이다. 선진 국가로서의 임무와 역할을 다할 때 비로소 세계인들이 대한민국을 부러워하게 될 것이다. 물론 우리나라 사람들의 밑바탕에 입양에 대해 부정적인 생각이 깔려 있다는 것을 잘 안다. 내가 "이상주의자"일 수 있다. 그렇다고 해 보지도 않고 포기한다면 그것은 대한민국이 아니다. 누가 한강의 기적을 만들었는가? 1988년 서울올림픽, 2002년 월드컵, 2018년 동계올림픽이 성공할 것이라고 누가 처음부터 믿었었는가? 꿈을 꾸어야 꿈이 이루어진다!

나는 동계올림픽의 개회식과 폐회식 그리고 장애인올림픽의 폐막식에서 하늘이 우리를 돕고 있음을 보았다. 우리의 저출산 문제도 잘 도와주실 것으로 생각한다. 하늘은 스스로 돕는 자를 돕는다고 하지 않는가?

인구절벽을 한판에 뒤집어 놓으면, 세계는 또 한 번 놀라게 될 것이다. 우리가 힘을 합쳐 보여 주자.

1장

우리나라의 인구흐름을 알아보자

1960년대 우리나라 인구는 2,500만 명이었다. 58년 동안 인구는 꾸준히 늘어, 2017년 대한민국의 공식적인 인구는 5,150만 명이 되었다. 5년 단위로 묶어서 표를 만들어 인구의 증감 상태를 알아보았다.

5년 단위로 데이터를 가공하여 보니, 한때는 인구가 폭발적으로 늘어나 5년 동안 300만 명이나 인구가 증가하였다.

연도별 우리나라 인구변화. 5년 단위 증감표

향후 50년 인구 증감 추계 (단위:1000명)

연도	2015	2018	2020	2025	2030	2035	2040	2045	2050	2055	2060	2065
인구수	51,015	51,674	52,087	53,008	53,685	53,894	53,543	52,680	51,378	49,774	48,062	46,317
인구증감		659	413	921	677	208	-351	-862	-1,302	-1,604	-1,713	-1,745

(자료: 통계청)

1965~2018년 인구 변화 (단위: 1000명)

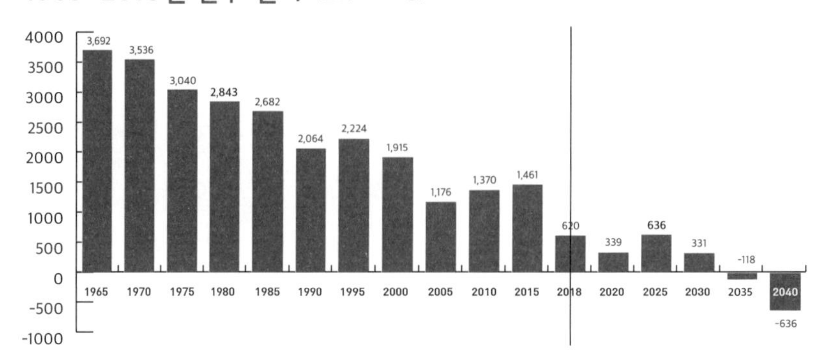

(자료: 통계청)

(단위: 1000명)

연도	1960	1965	1970	1975	1980	1985	1990	1995	2000
인구수	25,012	28,705	32,241	35,281	38,124	40,806	42,869	45,093	47,008
연도별 인구증감		3,692	3,536	3,040	2,843	2,682	2,064	2,224	1,915

연도	2005	2010	2015	2018	2020	2025	2030	2035	2040
인구수	48,185	49,554	51,015	51,635	51,974	52,610	52,941	52,834	52,198
연도별 인구증감	1,176	1,370	1,461	620	339	636	331	-108	-636

(자료: 통계청)

향후 50년 인구증감 추계 (2015~2065) (단위: 1000명)

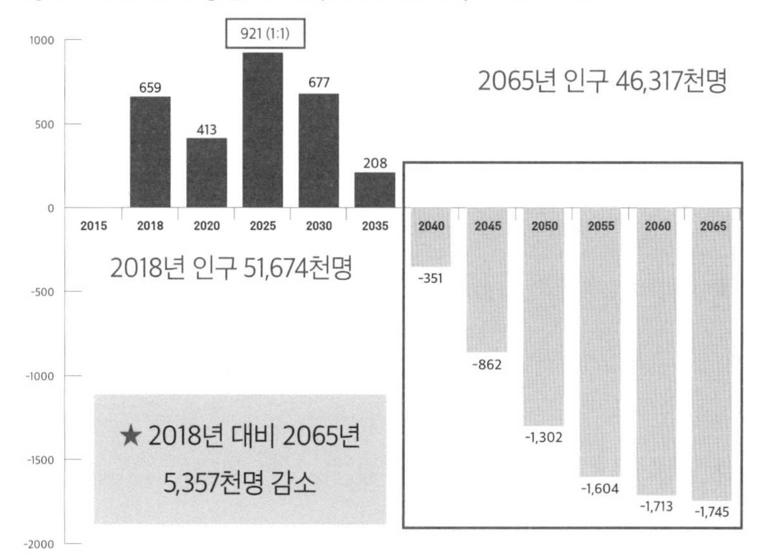

(자료: 통계청)

베이비붐 세대

전쟁 후 또는 혹독한 불경기를 겪은 후 사회적 · 경제적 안정 속에서 태어난 세대를 뜻하며 나라에 따라 연령대가 다르다. 대한민국의 경우 베이비붐 세대는 6·25 전쟁 종료 후인 1955년부터 1963년 사이에 출생한 세대를 이른다. 이 세대는 고도 경제성장과 1997년 외환위기, 그리고 최근에는 글로벌 금융위기를 경험했으며 약 720만 명이 해당된다. 미국은 제2차 세계대전 후부터 1960년대에 걸쳐서 태어난 7200만 명이 속하며, 일본은 1947년부터 1949년까지 출생한 806만 명을 베이비붐 세대로 보고 있다.

정부의 산아정책으로 인하여 인구 증가폭이 줄어들면서 우리나라의 산아제한 정책은 대성공을 거두었다고 자랑하던 시절도 있었다.

그러나 최근 3년간 출생아 숫자가 얼마나 되는가를 알아보자. 2015년 43만 5천 명, 2016년은 40만 6천 명 그리고 지난해에는 35만 8,000명이 새로 출생했다.

최근 3년 동안 출생한 아이들이 고작 120만 2천 명에 불과하다. 그 산아제한 정책이 얼마나 강력하게 우리의 뇌리에 박혔으면 몇십 년이 지난 지금까지도 나의 뇌리에 생생히 기억되고 있단 말인가?

2017년 대한민국 합계 출산율

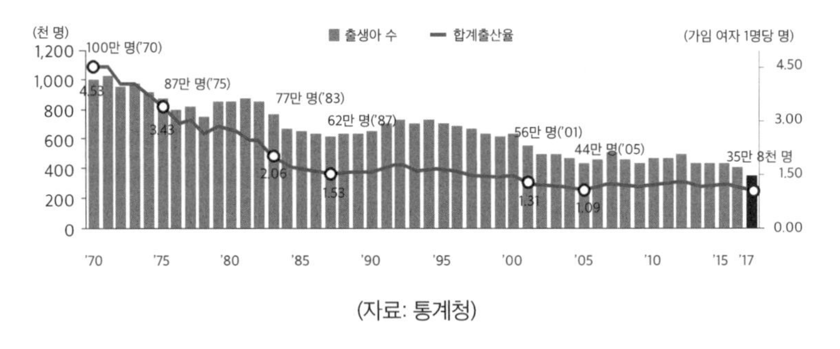

(자료: 통계청)

OECD 회원국의 합계출산율 비교(2006, 2016), 통계청

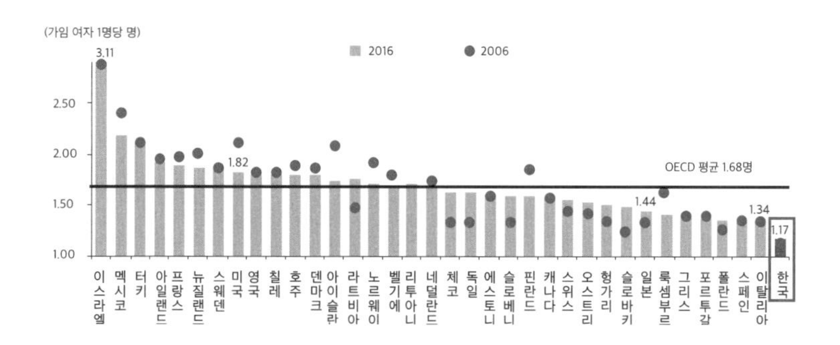

전국 월별 출생 추이

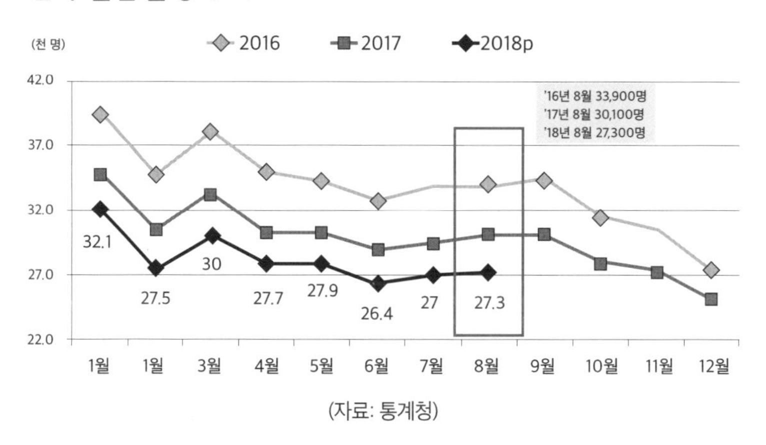

(자료: 통계청)

물론 산아제한을 모르는 세대들도 있으니 참고해서 이해해 주기 바란다. 5년 단위의 인구증가가 2005년부터 그 증가 폭이 100만 명 선까지 감소하더니, 2017년에는 5년을 합한 인구 성장이 겨우 40만 명 선까지 떨어지는 것을 알 수 있다. 이를 1년 단위로 미세하게 분석한다면 이미 마이너스로 가고 있음을 알 수 있을 것이다.

그러나 전체인구는 증가한다. 그것은 노인들이 평균수명이 늘어나서 전체인구가 증가하는 것처럼 보이는 착시현상이다.

다음의 그림을 보자. 2018년 41.6세였던 평균연령이 2040년에는 50.3세에 이른다. 그리고 2018년에는 가장 많은 연령대가 50~60대였던 것이 2040년에는 70~80대로 오른다.

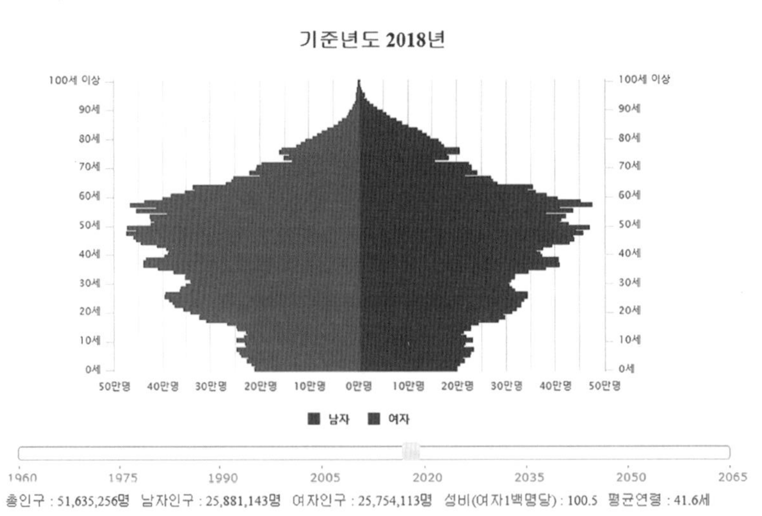

(자료 : 통계청)

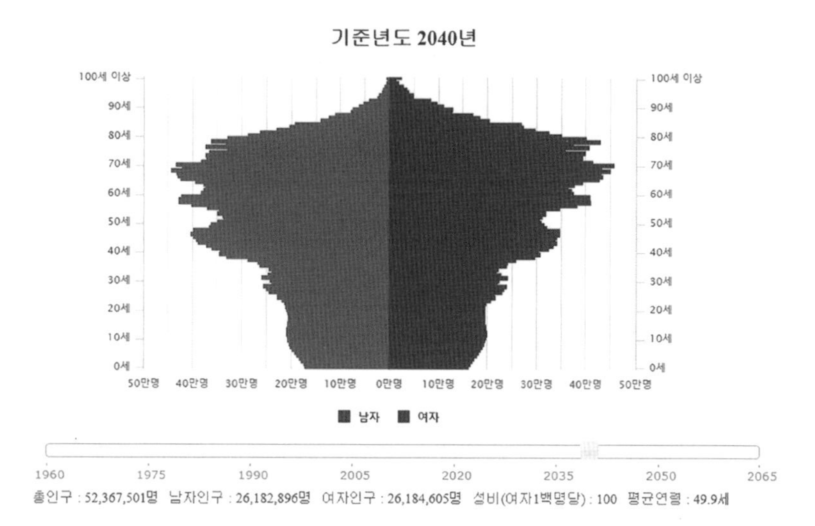

모(母)의 연령별 출산율, 2007, 2011-2016, 2017

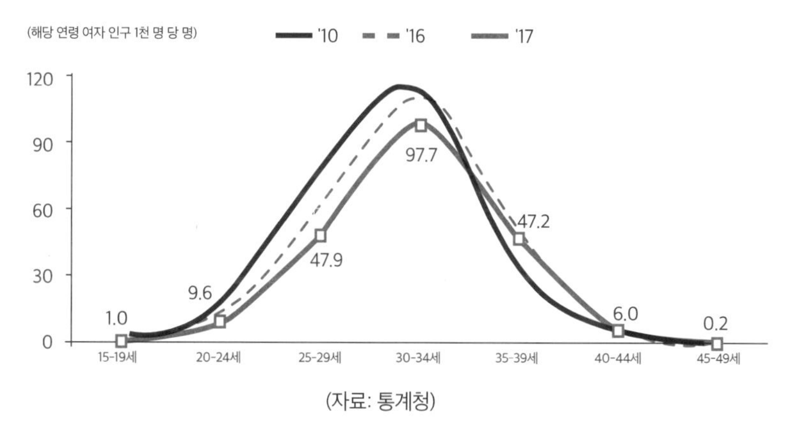

(자료: 통계청)

모(母)의 연령별 출생아 구성비 1995, 2005, 2017

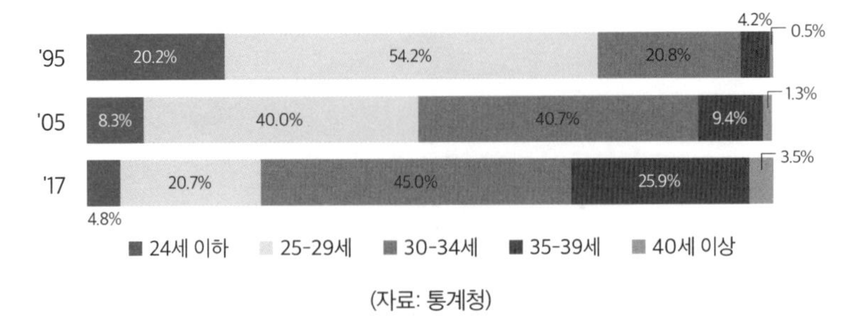

(자료: 통계청)

우리나라 의료보험과 연금은 우리가 보험금을 넣고 나서, 노후에 받는 것이다. 그러니 젊은 사람들이 있어서 연금을 계속적으로 부어 넣어 주어야 한다. 지금과 같이 애들을 낳지 않고 인구가 줄어들게 되면 조기연금 지급불능사태가 올 것은 분명하다.

연금공단만이 아니라 의료보험공단도 똑같이 지급 불능 사태가 발생할 수 있다. 그렇기 때문에 어떠한 일이 있어도 출산을 늘릴 수 있는 특단의 조치를 취해야 한다.

최근 들어 정부 내에서도 부쩍 저출산 대책의 문제점과 심각성에 대한 반성의 소리가 많아지고 있다. 학자나 기자들, 연구원들이 고생을 많이 하고 있는 것 또한 잘 알고 있다. 하지만, 오늘 신문을 보니 급기야 200조나 되는 엄청난 돈과 시간을 투자하고도 왜 국민들에게 호응을 얻지 못했는지 대통령이 탄식했다는 이야기까지 나오는 마당에 근본적인 해결책보다는 복잡한 대책만 나오고 있으니 안타깝기 그지 없다.

나는 벌써 몇 달 전부터 만나는 사람마다 애들을 낳게 할 수 있는 특단의 조치를 강구해야 한다고 역설하고 다녔다.

그러면서 전문가들도 못하는 일을 어떻게 혼자의 힘으로 해결하겠다고 만용을 부리냐 하니 이제는 오기까지 생겼다.

우리나라는 OECD 국가 중 노인 빈곤율[13]이 1위, 1인 가구 및 독거노인의 급증 그리고 노인 자살률 또한 세계 1위인 국가이다.

---

13 OECD, 2012

■ Poverty rate

(OECD / Korea, 0-17 year-olds, 66 years olds or more Ratio, 2017 or latest available)

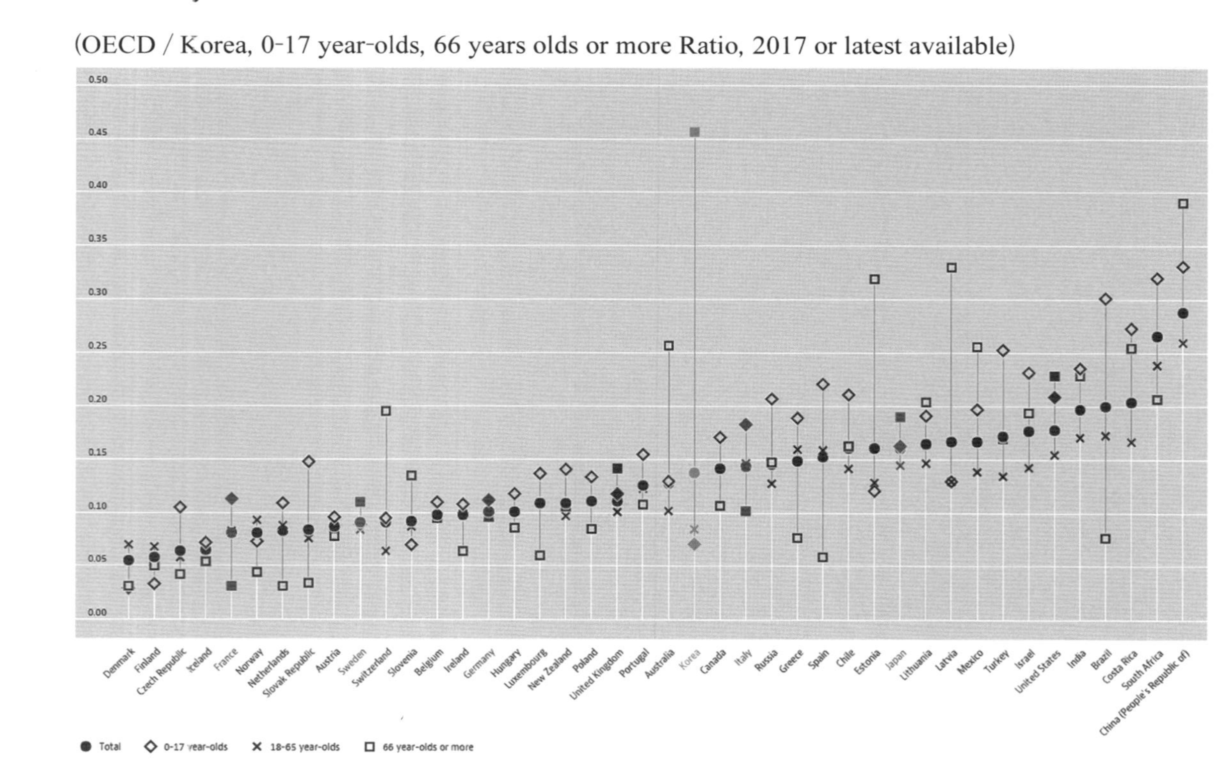

3~40대, 60대 이상 자살률,

OECD 가입국가 중 한국이 가장 높음

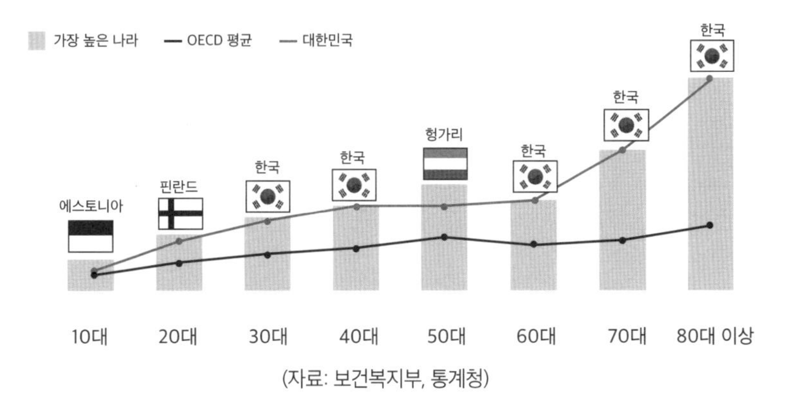

(자료: 보건복지부, 통계청)

이러한 자료들은 무엇을 말하는 것인가? 그만큼 노년 생활이 어렵다는 것 아닌가? 연금을 타서 생활해야 하는 노인들은 꾸준히 늘기 때문에 죽을 때까지 연금을 받을 수 있나 하는 의문이 드는 것은 자명하다.

연금도 지금과 같이 출산율이 떨어지면 언젠가는 지급 불능사태가 안 온다는 보장이 없다. 그러니 연금 생활자들은 이제부터는 쥐꼬리 연금도 나누어 저축하는 지혜가 필요하다.

이웃 나라 일본을 보자. 우리나라가 일본보다도 더 장수국가가 된다고 한다. 그런데 일본 노인들은 개인당 은행 예금이 1억이 넘는다는 이야기를 들었다. 우리의 현실과는 너무나 다르다.

나는 일생을 영업일선에서 고객과 접촉하며 그들의 마음을 읽고 정책을 펴는 마케팅을 전공한 사람이다. 나는 항상 긍정적인 사고를 하라고 말한다. 부정적인 생각을 한다면 그 결과는 보나마나 실패다. 지금 저출산 문제도 해결할 수 있다.

자신감이 중요하다. 정답은 항상 현장에 있다. 현장의 소리를 듣지 않고 통계 자료에 나오는 인구의 변화를 보고 큰일이 날 것이라고 호들갑을 떨기는 싫다. 그렇다면 대안을 제시해야 한다.

"대안의 제시 없이" 하는 문제제기는 아무 소용이 없다. 답을 제시했는데도 정책 결정권자들이 움직이지 않으면 흔들어 깨워야 한다. 일어나지 않으면 일어날 때까지 흔들어 깨워야 하는 것이 학자, 언론 및 전문가들 각자의 역할이 아닌가?

나는 일생 동안 한 기업의 영업·마케팅 책임을 맡아 대표

이사 사장까지 지냈다. 그리고 오랫동안 글로벌 제약회사의 영업·마케팅 부사장도 했던 경험이 있다.

지금 같을 때는 극약 처방이 답이다. 신제품 없이 기업은 존재할 수 없다. 인간 사회에서 신제품에 해당하는 존재들이 신생아들인데, 애들이 없는 세상은 곧 우리 대한민국의 종말을 알리는 신호탄임을 명심해야 한다.

정책 당국자들은 내 말에 귀 기울여 주었으면 한다. 내가 좋아하는 문구로 이 글을 마치고자 한다.

진인사대천명盡人事待天命**이다. 나는 최선을 다할 뿐 성공 여부는 하늘의 뜻에 달려 있다.**

■ Young population (Total, % of population, 1970-2014)

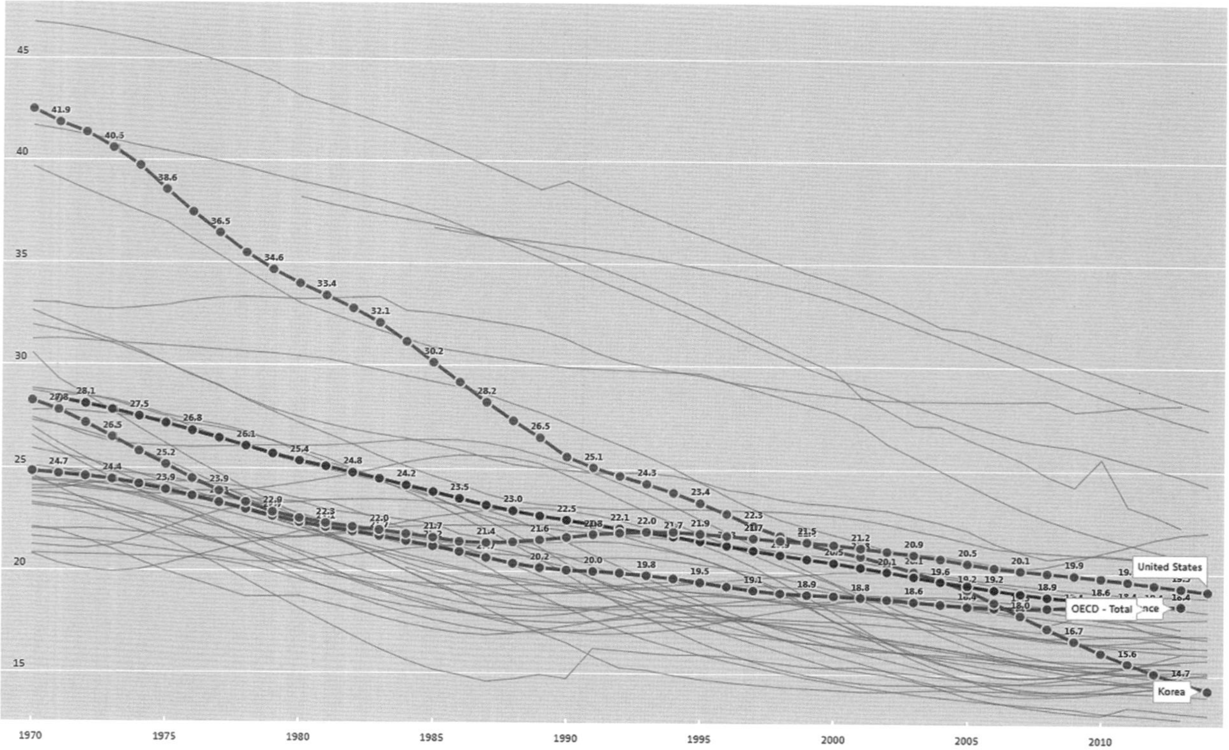

■ Elderly population (Total, % of population, 1970-2014)

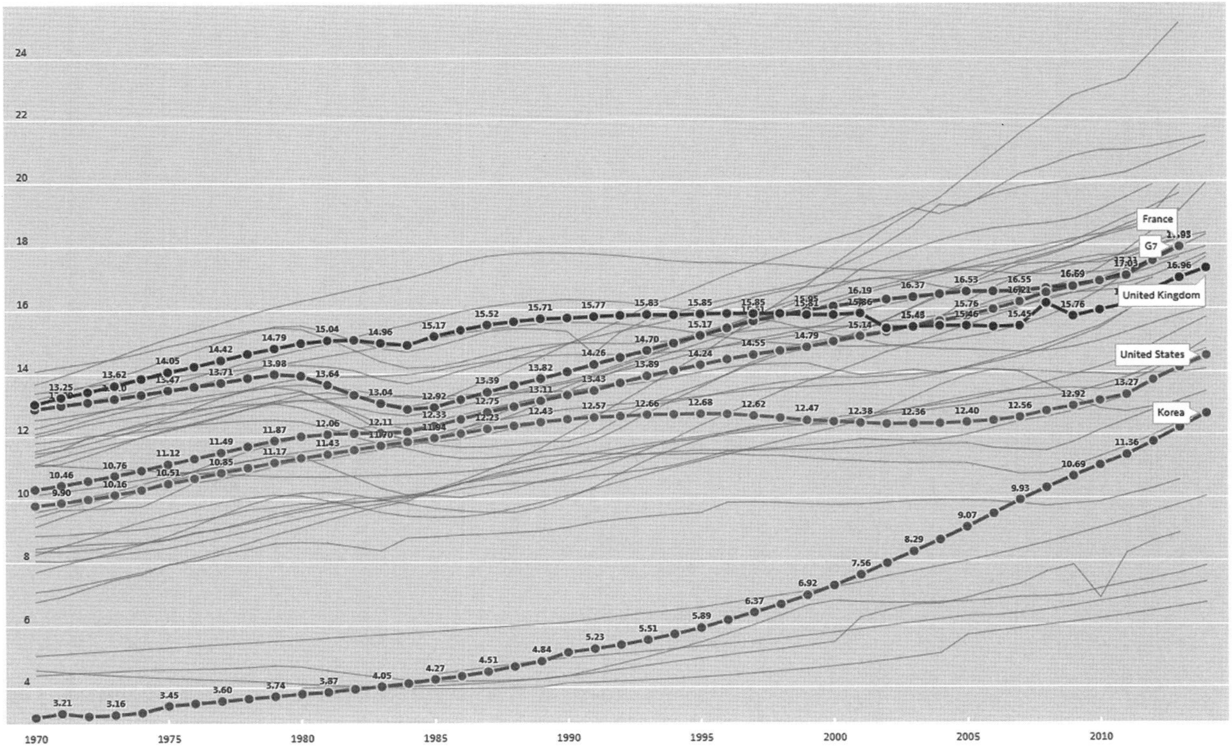

■ Fertility rates (Total, Children/woman, 1970-2016)

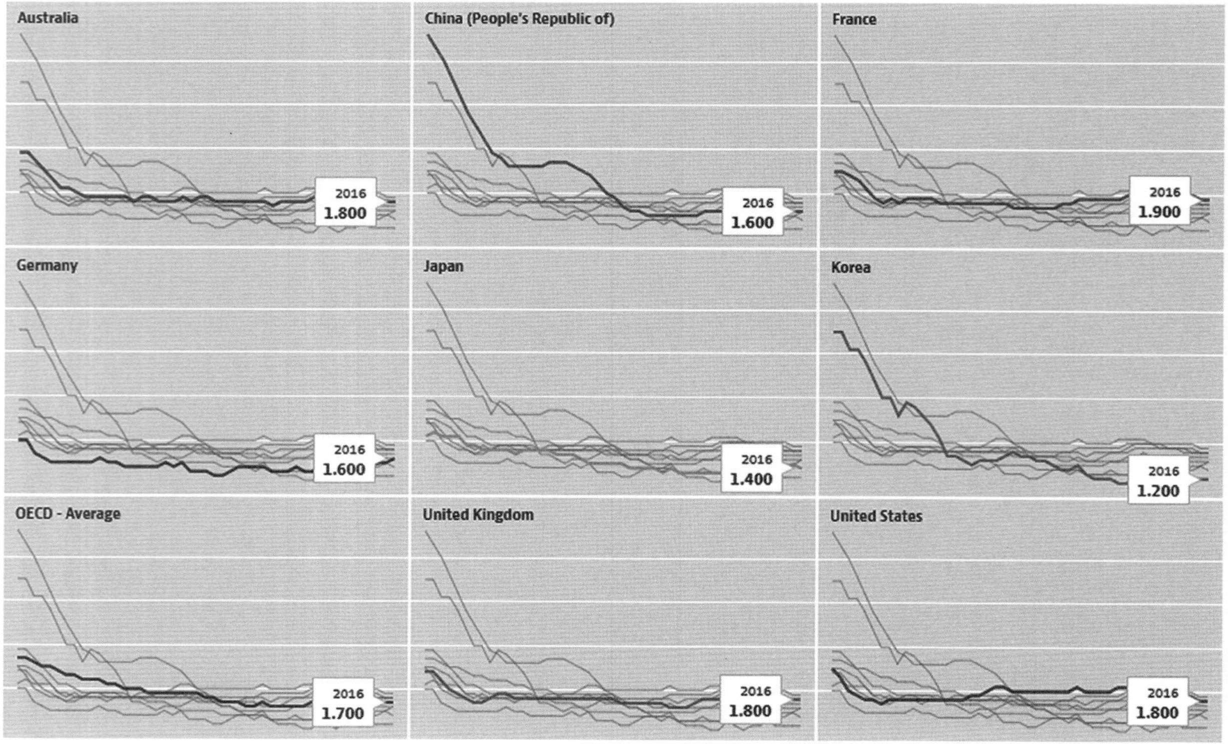

2장

브레인스토밍이 필요하다

대한민국이 한창 경제개혁과 성장에 주력하였던 1960년대와 1970년대에는 인구가 폭발적으로 늘어났다. 당시로서는 출산율을 억제하기 위해 강력한 산아제한産兒制限 정책을 펴는 것만이 최고의 가치였다.

한국정부가 그 어느 나라보다 더 강력하게 벌였고 성공했다고 자랑하던 그 정책이 지금에 와서는 가장 잘못된 정책이 되다니 참으로 아이러니하다.

"딸·아들 구별 말고 둘만 낳아 잘 기르자. 잘 키운 딸 하나, 열 아들 안 부럽다"고 하는 표어를 나는 아직도 기억하고 있다. 그 시대의 사람들은 모두 기억하고 있을 것이다. 70~80년대 흔히 접했던, 가족당 자녀의 수를 줄이자는 캠페인이다.

얼마나 강하게 머릿속에 각인되어 있는지 40년이 지난 지금도 그때의 캠페인에서 쓰던 슬로건들을 외우고 있다니 산아제한 캠페인의 위력을 알 만하다.

딸·아들 구별 말고 둘만 낳아 잘 기르자(70년대 가족계획 포스터 표어), 잘 키운 딸 하나, 열 아들 안 부럽다(80~90년대를 대표하는 가족계획 포스터) vs. 위기의 저출산 포스터

(자료: 보건복지부, 대한가족계획협회 포스터)

"출산 장려 포스터는 있으나 강력한 캠페인은 본 적이 없다. 논문 쓰고 포스터 만들었다고 자기들 일 다했다는 사람들에게 말하고 싶다.

비즈니스(영업, 사업)는 실적으로 말한다. 밤잠을 안 자고 열심히 일해도 실적이 없다면 성적은 빵점이다. 그러나 놀고 다니는 것처럼 보이지만 실적을 만들어 내는 사람들이 있다. 이들을 우리는 프로라고 한다. 나이 70이 넘어서 나의 삶을 뒤돌아보니 다행히 나는 실적을 냈다. 그래서 오늘의 내가 있다.

그러나 나보다 더 실력이 있고 열심히 노력했지만 실적이 없어 낙오한 사람들이 많다.

출산을 장려하기 위해 수많은 노력을 했지만 대한민국은 인구절벽이라니 그분들의 정신적 스트레스가 얼마일까?

왜 그럴까를 생각해 보라. 너무 자기중심으로 생각하고 제도를 만든 것은 아닌지? 그러나 늦었다고 생각해 포기하지 말고, 내가 말하는 이야기를 경청하고 나와 함께 대한민국의 저출산 문제를 해결하자. 이 문제를 해결하기 위해서는 국회의원, 정부 정책자, 국책연구소 등 수많은 관련자들이 필요하다. 그러나 대안 없이 문제점만을 이야기하는 학자, 국회의원, 고위직 공무원들뿐이라면 우리는 희망이 없다.

반면에 나의 이야기를 경청하고 젊은 대한민국을 만드는 데 일조하는 분들은 보람을 얻게 될 것이다. 이들이 진정 대한민국을 사랑하는 지도자들이다.

나는 책을 다 쓰고 탈고 중이지만 정보를 알리는 노력을 소홀히 하지 않는다. 프리마케팅이다. 그래서 브리핑자료를 만들고 국가 지도자들을 만나고 있다. 그중에서도 국회보건복지위원회 위원장님을 만나보고 희망을 보았다. 열린 마음의 소유자였다. 국정감사가 끝난 다음 날 저녁 5시 만나겠다고 연락이 와서 국회로 갔다. 불행인지 다행인지 지역구에 갔다가 기차를 놓쳐서 제시간에 못 오니 다음 기회에 만나면 안 되냐고 비서관이 우리에게 미안함을 표했고, 우리는 기다리겠다고 하여 2시간쯤 뒤에 만났다.

일면식도 없던 우리를 반갑게 맞아주며 미안한 표정이 역력함에서 대한민국의 희망을 보았다. 많은 시간을 할애해 주시고 또 브리핑 슬라이드를 3부 달라고 할 뿐 아니라 즉시 총리실로 전하고 자기들도 검토하겠다고 책 3권을 택배로 빨리 보내달라니, 어젯밤을 꼬박 새우고 만들었던 피로가 한순간에 풀렸다."

목표를 세우고 한 걸음 한 걸음 앞만 보고 전진하다 보면 언젠가 목적지에 도착한다. 그러나 출산은 다르다. 내가 '가임기가 있어 시간을 놓치면 안 된다'는 강박감에 빠졌나를 생각한다.

한 인간에게는 운명이 있고 국가에도 국운이 있다. 지난

평창 동계올림픽 때 하늘이 우리나라를 도와주는 것을 보면서, 이번 저출산 사태도 잘 해결될 것이라는 생각이 들었다.

저출산 문제를 해결하는 대안을 내야지 문제라고 떠들기만 하면 무엇하나? 이미 200조나 되는 엄청난 국가 예산을 쓰고서도 나날이 출산율이 떨어지고 있으니 큰일이다. 나라도 나서서 대안을 제시해야 할 것 같아 이 글을 쓰기 시작했다. 아무리 좋은 책이 있으면 무엇하나? 사람들이 읽고 '아!! 아이를 낳는 것이 나를 위하고 국가를 위하는 길이구나' 하여 아이들을 많이 낳아야 하는데….

캠페인을 벌여야 하는데, 엄청난 광고 홍보를 해야 한다. 어쩌면 산아제한 때보다 더 강력한 홍보 광고가 아니고서는 사람들의 행동은 변하지 않는다.

생각이 바뀌어야 행동이 바뀐다고 했다. 생각을 바꾸게 하려면 강력한 광고 홍보로 우리를 세뇌시킬 수밖에 달리 방법이 없다. 많은 예산이 필요하다. 정부차원에서라면 쉽게 국민들의 생각을 변화하게 할 수 있을 터인데….

떡을 주어야 한다. 그 떡이 인센티브 정책이다. 그리고 인센티브 정책은 극약이므로 잘 쓰면 환자가 살아나고, 잘못 사용하면 환자가 죽는다. 인센티브 정책은 정신을 황폐화시키는 마약과 같은 것이다. 그러므로 딱 1회만 쓰고 이런 좋은 기회가 다시는 없다는 것을 국민들이 믿게 해야 한다.

나는 인센티브 정책을 발표한 대로 그대로 시행했다. 목표 대비 99.9%를 달성했어도 해당이 안 된다. 정말 이런 경우가 발생했다. 그러나 나는 원칙대로 처리했다. 아무리 읍소해도 안 되는 것은 안 되는 것이다. 이것이 리더십이 아닌가? 국가지도자들도 국가 경영을 위한 리더십을 발휘해야 한다.

나는 책이 나오기 전부터 책의 내용을 알리는 데 주저하지 않는다. 경쟁제품이 나오면 더 좋다. 독점은 경쟁을 하지 않으니 시장을 자기 혼자서 키워야 하기 때문에 비용은 많이 들고 효과는 적다. 경쟁품이 빨리 나와 함께 시장을 키우자. 경쟁하지 않고 혼자서 독식하려는 사고방식은 틀렸다고 생각한다. 철저한 자유경쟁으로 우리 기업들은 체질을 강화해야 한다. 정부는 우리 기업을 간섭하지도 말고 도와주지도 말아야 한다.

철저한 경쟁으로 시장에서 살아남는 사람, 기업만이 미래를 보장받는다. 이것이 나의 확고한 신념이다.

인연을 소중히 여겨야 한다. 며칠 전에는 30년 전 다국적 제약회사 한국법인을 만들 때 함께했던 친구들과 골프 모임을 가졌다. 그 친구들이 아니었으면 오늘의 나도 없었을 것이다. 회사는 직원들이 피땀 흘려 이룩한 결과만도 아니고 경영자 자본주들만이 만든 것도 아니다. 각자의 위치에서 최선을 다해준 많은 분들의 숨은 노력이 있어 가능했었다.

노사분규가 심하게 일고 경영진들은 안 주려고 안달을 하고 서로 안 지려고 하는 모습들을 보면서 대화로 문제를 풀면 될 터인데 하는 생각을 한다.

저출산 문제를 해결하려면 생각하는 방법을 달리해야 한다. 기존의 방식으로는 문제를 풀 수 없다. 그래서 나온 안이 "만혼을 조혼으로"라는 생각이다. 국민 계몽운동으로 저출산 문제도 해결하고 다시 젊은 대한민국으로 재탄생하는 안, 일석이조一石二鳥의 안을 구체화하려면 국민과 함께해야 한다. 국난이 있을 때마다 우리 민초들은 몸을 불살랐다. 저출산을 해결하기 위해 정부는 광고와 홍보를 강화해야 하고 법적 제도들은 국회가 앞장서야 하며 젊은 부부는 기업들이 미래의 인재들을 사원으로 뽑고 나서 자기 회사에 맞는 교육을 시키면 된다. 대학원까지 나온 인재들은 그들만의 틀이 굳은 고정관념을 버리기가 어려울 것이다. 오히려 젊은 사람들이 생각이 유연하기 때문에 충성도가 더 높아질 수 있어 좋다.

미래의 경쟁력은 유연함과 컬래버레이션collaboration이 아닐까? 나는 이런 인재를 뽑고 양성해 쓰는 기업들이 미래의 기업이 된다고 자신 있게 추천한다.

주위에 동조자를 모아 보려 했으나 쉽지 않다. 그러나 희망을 버리지 않겠다. 서광이 보인다. 여명이다. 곧 밝은 아침이 올 것이라 믿으며 이 글을 쓴다.

기존의 생각들을 폭풍으로 날려 버리자. 이런 생각을 하게끔 하는 일련의 활동이 브레인스토밍이다.

새로 태어난 아이들을 상상한다. 이들이 우리의 미래를 책임져줄 희망이다.

4차 산업, 5차 산업 사회를 살아야 할 우리 아이들을 우리 방식으로 지도하면 안 된다. 아이들은 아이답게 대자연에서 마음껏 뛰어놀아야 한다!!

비즈니스는 영업이다. 조직이 커지면 영업과 마케팅으로 조직을 나누어 상호 협조와 견제하도록 한다. 자동차로 비유해 보자.

엔진은 마케팅, 네 바퀴는 영업이다. 경영자는 자동차를 움직이는 정신으로 조직을 잘 운영해야 한다. 인연을 소중히 해야 한다. 옛 회사동료는 나의 친구이다. 신입사원으로 뽑아 인사하는 법부터 가르쳤던 젊은이, 아니 나에게는 어린 동생들이었다. 그러나 지금은 그들이 나를 지탱해 주는 친구들이다. 그래서 나는 행복한 나날을 보낸다. 아마도 내 책이 출판되면 그들이 앞장서서 널리 선전하여 베스트셀러로 만들어 줄 것으로 확신한다.

나는 마케팅맨이다. 불가능은 없다. 저출산 대책도 아직까지 길을 몰라 헤매지만 내가 하자는 방안으로 하면 곧 문제가 풀릴 것이다.

나는 긍정적이고 적극적인 사람이다. 숫자의 마력을 믿는다. 그래서 1억이라는 금액은 탄생했다. 모두가 브레인스토밍의 산물이다.

내가 지금 가장 어려워하는 것은 맞춤법이다. 나는 국민학교(초등학교) 때 공부를 하지 않아 맞춤법을 잘 모른다. 자주 틀린다. 아들이 흉을 본다. 내 나이 70세지만 나는 매일 공부하는 것이 즐겁다. 맞춤법을 배우는 자세이니 곧 올바른 맞춤법으로 글을 잘 쓰게 되겠지.

생각을 몇 단계씩 뛰어넘어야 글로벌 경영에 이길 수 있다. 사람들은 그런 나를 럭비공이라고 한다.

창의력은 천진함에서 나온다고 생각한다. 그러나 공자님은 온고지신溫故知新이라고 말씀하셨다. 역사를 알면 미래를 볼 수 있다는 생각에서 역사에서 저출산 안을 찾아보고자 했다. 모든 답이 다 있었다. 그래서 지금 우리나라에 만연되어 있는 결혼 안 하기 풍조도 새로운 것이 아니라는 사실을 알게 되었다.

생각이 바뀌어야 행동이 바뀐다. 행동이 바뀌면 습관이 바뀐다고 했다. 그래서 나는 영업사원은 태어나는 것이 아니라 교육 훈련을 통해 길러 내려고 노력했다. 반복효과에서 기대하는 것은 행동의 변화다.

정부가 출산만이 살 길이라는 광고를 계속하고 나를 비롯한 시민연대, 종교단체 등 사회지도층들이 성인식을 마치고 결혼하는 것이 제일 좋다고 꾸준히 설득시켜 가면 젊은이들의 생각이 바뀌고, 그래서 성인식을 치르고 나서 자유롭게 결혼하여 아이를 낳는 사회적 분위기가 조성되면 또 한 번 대한민국은 저출산에서 탈출한 기적의 국가가 되어 전 세계를 놀라게 할 것이다. 틀림없이 그런 날이 올 때까지 나는 뛸 것이다. 노래를 부르자. 그러다 보면 어느 순간에 나도 모르는 사이에 대한민국의 출산율이 올라갈 것이다.

매장에서 화장으로 변화하는 과정도 처음에는 도저히 불가능한 것처럼 보였지만 지금은 오히려 매장을 하겠다는 사람들이 이상하게 보이지 않는가?

'만혼을 조혼으로'라는 캠페인은 우리의 미래를 보장해 줄 것이다.

시작이 반이다. 앞으로 매일 아침 방송에 애국가 다음으로 캠페인을 하자.

이것도 브레인스토밍의 결과물이다.

비록 처음에는 혼자서 외롭게 뛰지만 뛰고 또 뛰다 보면 나의 취지에 동참하는 친구들이 생길 것이다. 나는 한때 종교의 힘을 빌리려 생각한 적이 있었다. 너무 쉬운 길로 가려고 했었다는 판단이 들었다. 나 혼자서라도 뛰겠다는 각오로 다시 뛴다.

사람들의 머릿속에 각인된 산아제한에 대한 인식을 깨부수려면 그보다 더 강한 무엇이 있어야 한다. 광고다. 홍보다. 끊임없는 설득만이 대한민국의 미래를 약속한다고 광고선전에 매진하자.

인센티브는 냉혹한 경쟁에서 우리 조직을 살리고 더욱 강한 조직으로 기를 수 있는 극약 처방이다. 잘못하면 인세티브 안은 조직을 마약으로 중독시킬 수도 있다. 명의名醫는 마약 처방을 잘하는 의사를 말한다. 지금 우리나라를 저출산에서 고출산 정책으로 생각을 바꾸게 하려면 이 방법 외에는 없다. 가임기가 있기 때문에 시간을 갖고 논의하자고 하는 학자 또는 전문가들이 알아서 할 것이라고 했던 분들은 다시 생각하고 나의 운동에 힘을 보태어 달라!! 시간이 없다.

기존에서 몇 단계를 뛰어넘는 생각을 할 수 있어야 성공적인 마케팅을 할 수 있다. 신제품이 없는 회사는 생존할 수 없다. 마찬가지로 인간사회에 있어서 회사의 신제품에 해당하는 것은 곧 새로 태어날 아이들이다.

아이들만이 대한민국의 미래이고 희망이다. 우리 국민들의 머릿속에 폭풍의 바람을 불어넣을 인센티브 안을 만들어 보았다.

목표는 달성이 어려운 수준으로 설정해야 성공 확률이 높아진다는 설이 있다. 나의 목표 달성 기준을 소개한다.

1. 달성 가능한 최대치를 목표로 하달한다.
2. 매력적인 보상금을 제시한다.
3. 숭고한 뜻을 부여하여 일하게 하면 사람들의 호응을 얻기가 더 쉽다.
4. 기간은 짧아야 하고 일회성 목표가 좋다.

나는 위와 같은 목표 달성 기준이라는 원칙하에 산아제한으로 세뇌된 우리들 머리의 굳은 생각을 깨부수어 새로운 생각으로 가득 채울 수 있는 인센티브 안을 준비했다.

3장

출산 축하금을 주자

우선 《연합마이더스》 2018년 8월 호에 실린 다음의 기사를 보도록 하자.[14]

> 저출산고령사회위원회가 7월 5일 '일하며 아이 키우기 행복한 나라를 위한 핵심과제'를 발표했다. … 출산과 영·유아 보육 지원 등에 연간 9천억 원을 더 투입해 올해 26조3천189억 원인 관련 예산이 내년에는 27조2천189억 원으로 3.4% 늘어난다.
> 출산율과 출생아수 목표를 제시하는 대신 20~40대의 워라밸(일과 삶의 균형)에 초점을 맞췄다.

14 강윤경 기자, 김잔디 연합뉴스 IT의료과학부 기자, 「올해 합계출산율 1명도 '위태'」, 《연합마이더스》, 2018년 8월 호

주거 복지, 아동 지원, 차별 해소 등으로 아이와 부모의 삶의 질을 높일 계획이다. 최근의 결혼 기피와 저출산이 장시간 노동과 고용·주거 불안, 여성의 '독박 육아' 등에서 비롯됐다고 진단한 결과다.
…
우선 주거 지원이 파격적이다. 주변보다 20~30% 싸게 공급하는 '신혼희망타운'을 10만호 공급한다. 생애 첫 주택을 구입하는 신혼부부에겐 취득세를 50% 깎아주며, 주택구입 자금도 연 1.3%로 최대 4억 원, 최장 30년 빌려준다.
의료비 혜택도 높였다. 산모의 비급여 입원진료비 지원 범위는 기존 5개 질환에서 11개로 확대되며, 임신·출산 진료비를 지원하는 국민행복카드는 사용 기한을 늘린다. 현재는 임신 확인 후 신청일로부터 분만 예정일 후 60일까지 쓸 수 있지만 앞으로는 분만 예정일 후 1년까지 가능하다. 지원 규모도 단태아 60만 원, 다태아 100만 원으로 10만 원씩 높였다.
만 1세 미만의 외래진료비 건강보험 본인부담금은 기존 21~42%에서 5~20%로 내린다. 이 경우 평균 본인부담액은 16만5천 원에서 5만6천 원으로 66% 감소한다.
'아이 돌봄 서비스'도 확대한다. 현재는 3인 가구 기준 월 소득 442만 원(중위소득의 120%) 이하에 지원되나 앞으로는 553만 원(중위소득의 150%)까지 지원한다. 아이와 지내는 시간을 늘리기 위해 만 8세 이하 자녀의 부모는 임금삭감 없이 최대 2년간 근로시간을 1일 1시간 단축할 수 있다.

아내에 이어 육아휴직에 들어가는 남성에게는 초기 3개월간 급여를 월 200만원에서 250만 원으로 올린다. 남성의 출산휴가 중 유급휴가 기간도 10일로 확대된다. 현재는 유급 3일, 무급 2일을 합친 5일이다.

비혼자의 출산·양육에 대한 차별도 없앤다. OECD(경제협력개발기구) 회원국과 비교할 때 우리나라의 비혼출산률은 2014년 1.9%로 OECD 평균(39.9%)보다 낮다. '결혼 안한 여자가 애를 낳는다'는 부정적인 인식 탓이 크다. 이 때문에 출산을 포기하는 경우가 대다수다.

정부는 비혼뿐 아니라 사별·이혼 등으로 한부모가 된 가정도 아이를 낳고 기를 수 있도록 중위소득 52% 이하 가구에 지원하던 아동양육비를 인상한다. 지금까지 만 14세 미만에게 월 13만 원을 지원했다면 내년부터는 만 18세 미만까지 월 17만 원을 지급한다.

그동안 고용보험에 가입하지 않은 보험설계사, 학습지 교사, 골프장 캐디 등 특수고용직과 자영업자, 단시간 근로자는 출산휴가 90일간 급여를 받지 못했다. 하지만 앞으로는 월 50만 원씩 총 150만 원까지 받는다. 약 5만 명이 혜택을 누릴 전망이다.

정부는 이상의 대책 중 법 개정이 필요 없는 경우는 내년부터 시행한다. 하지만 전문가들 사이에선 기존 대책의 틀을 벗어나지 못했다는 비판이 나온다. 당사자인 20~40대에선 현실성이 떨어진다는 의견이 많다.

기존 정책의 확대가 대부분이고, 근로시간 단축이나 육아휴직 확대 등은 사업주와 마찰이 예상되기 때문이다.

법 개정이 필요한 경우는 내년 시행이 어려울 수도 있다.

무엇보다 재정 투입식 저출산 대책을 비판하는 시각이 많다. 지난 10년간 정부가 130조 원을 퍼붓고도 실패했기 때문이다. 통계청에 따르면 지난해 우리나라 합계출산율은 1.05명이다. 이는 가임기간(15~49세) 여성 한 명이 평생 낳을 것으로 예상되는 자녀수다. 전년(1.17명)보다 10.3% 감소했고, 2005년(1.08명) 이후 가장 적다.

우리나라 합계출산율은 1971년 4.54명 후 꾸준히 줄었다. 인구 유지에 필요한 합계출산율(2.1명)보다 부족할 뿐 아니라 OECD 35개국 평균(1.68명)도 안 된다. 합계출산율이 1.3명에 못 미치면 초저출산 국가로 분류된다.

이로 인한 결과는 참담하다. 지난해 출생아수는 35만8천 명으로 처음 40만 명대가 무너졌다. 올해는 합계출산율이 1명에도 못 미치고, 출생아수는 32만 명대로 더 주저앉을 전망이다. 이대로 가면 2022년에는 20만 명대로 내려간다. 고령화 속도가 빨라져 노동시장은 활력을 잃고 경제성장에 악영향을 미치며 국가 존립도 위협받기 쉽다.

익명의 한 전문가는 "재정 지원이 저출산 해결에 효과가 없다는 건 거의 모든 학자가 연구를 통해 밝혔다"며 "여성의 경력이 출산·육아로 단절되지 않게 하는 등 보다 근본적인 대책이 필요하다"고 말했다.

나는 머리가 좋지 않은가 보다. 3번을 읽었어도 정부의 안이 무슨 말인지 잘 이해가 안 된다. 너무 복잡하다. 내가 주부라도 아이를 갖자고 말하지 않겠다. 바로 머리에 들어오지 않는다.

그래서 내가 새로운 제안을 하겠다. 바로 **"출산 축하금 지급 규정"**이다.

부연한다면, 출산 장려금이라는 표현을 쓰는 것은 이미 저출산을 걱정하여 정부 내에 이를 전담하는 조직이 있다는 이야기다. 그 조직에서 출산을 장려하는 안을 마련했다는 뜻이다. 그 조직원들의 아이디어를 모아 저출산 대책을 만들었다는 뜻이다. 그러나 출산 축하금이란 말로 바꾸면, "그래!! 애를 낳았단 말이지! 그럼 축하금을 줘야지" 하면 된다.

정부 내에 별도로 저출산 대책을 마련할 조직이 필요 없어진다. 신생아가 태어나면 출생신고를 해야 한다. 아이를 국가 자원이라고 개념을 바꾸면 국가 자산을 관리하는 차원에서 행정안전부 출생신고 시 모든 후속 조치를 취하면 된다. 업무가 아주 쉽고 단순해진다.

나는 긍정적이고 적극적인 사람이다. 가장 용맹한 해병대나 공수 특전단의 구호인 "안 되면 되게 하라"를 우리 사단의 구호인 "실천"보다 더 좋아했다. 나는 일평생 이 구호를 잊고 살아본 적이 없다. 지금 이 순간도 인구절벽을 해결할 수 있다고 생각한다. 다만 아직 그 아이디어가 완성되지 않은 것뿐이다. 그래서 계속해서 생각하고 있다.

장려금은 태어나도록 유도하고 있다는 것이니 이미 돈이 들어가고 있다. 조직의 유지비, 조직원의 인건비, 선진국 사례연구를 위한 해외 출장비, 연구비 등등 엄청난 돈을 쓰고 보고서가 나왔는데 그 보고서대로 실행이 제대로 안 되고 있다면 "효율적으로 예산이 투입되었다고 보기 어렵다"고 생각한다. 연구용역비를 받아 보고서를 썼으면 그대로 집행이 되었는지 아니면 어떠한 이유로 채택이 안 되어 실행이 되지 못했는지 피드백을 주고받는 시스템을 구축할 필요가 있다.

정부 당국자들은 국민이 지켜보고 있다는 사실을 기억해주길 바란다. 한순간 소나기만 피하면 된다고 생각해서는 안 된다. 연구원들도 "나는 보고서를 써서 올렸으니 할 일을 다했다"고 생각해서는 안 된다. 국민이 보고 있다는 사실을 알아주었으면 한다.

나는 지금이 마지막이라는 생각으로 꺼져가는 불을 다시 지피려고 이 밤에도 자료를 수집하고 검토하고 이 글을 쓰고 있다. 이것을 내 손주들에게 더 이상 무거운 짐을 넘겨주지 않겠다는 할아버지의 후손 사랑이라고 보아 주었으면 감사하겠다.

다시 "출산 축하금 지급 규정"으로 돌아가 보자. 이해도를 높이기 위해 세 아이를 출산한 부부의 10년 후 삶의 케이스를 예로 들어 설명하겠다.

가칭: 국가 출산 목표달성을 위한 출산 축하금 지급 규정
— 출산 축하금을 현금으로 지급하자!

첫째, 첫애를 출산하면 1억 원을 축하금으로 지급한다.

둘째, 축하금 1억 원 중 5천만 원은 부모에게 지급하는데, 매월 생활비로 100만 원씩 50개월 동안 아이 양육비로 아이가 태어난 일자에 부모가 등록한 은행 통장으로 자동 입금되도록 한다.

나머지 5천만 원은 아이가 성인이 되는 성인식 날에 지급한다. 단 시간적인 여유를 갖고 검토할 사항이지만 이 돈은 또 그 아이가 결혼하고 국민을 생산하는 데 써야 한다는 조건을 둔다. 예를 들어 결혼을 안 하는 경우에는 지급을 보류할 수 있다. 예외조항으로 사고로 인한 장애로 결혼을 못할 경우, 결혼하는 성직자는 예외로 하고 성직을 은퇴할 시 지급한다.

셋째, 둘째 애를 출산하면 2억 원을 축하금으로 지급한다.

축하금 1억 5천만 원은 부모에게 지급하는데 매월 생활비로 150만 원씩 100개월(8.4년) 동안 아이 양육비로 아이가 태어난 일자에 부모가 등록한 은행 통장으로 자동 입금되도록 한다.

나머지 5천만 원은 아이가 성인이 되는 성인식 날에 지급한다. 단 시간적인 여유를 갖고 검토할 사항이지만 이 돈은 또 그 아이가 결혼하고 국민을 출산하는 데 써야 한다는 조건을 둔다. 예를 들어 결혼을 안 하는 경우에는 지급을 보류할 수 있다. 예외조항으로 사고로 인한 장애로 결혼을 못할 경우, 결혼하는 성직자는 예외로 하고 성직을 은퇴할 시 지급한다.

넷째, 셋째 애를 출산하면 3억 원을 축하금으로 지급한다.

축하금 2억 5천만 원은 부모에게 지급하는데 매월 생활비로 200만 원씩 125개월(10.5년) 동안 아이 양육비로 아이가 태어난 일자에 부모가 등록한 은행 통장으로 자동 입금되도록 한다.

나머지 5천만 원은 아이가 성인이 되는 성인식 날에 지급한다. 단 시간적인 여유를 갖고 검토할 사항이지만 이 돈은 또 그 아이가 결혼하고 국민을 생산하는 데 써야 한다는 조건을 둔다. 예를 들어 결혼을 안 하는 경우에는 지급을 보류할 수 있다. 예외조항으로 사고로 인한 장애로 결혼을 못할 경우, 결혼하는 성직자는 예외로 하고 성직을 은퇴할 시 지급한다.

중·단기적 목표로서 **"2019~2024 출생아 수를 40만 명"**으로 설정하자. 이는 적어도 5년 후인 2024년 목표가 40만 명은 되어야 하겠다는 "국민적 합의 목표"가 되는 것이다.

2019년 출산 장려금을 40조로 책정할 때 30조 원은 2019년 출생을 위한 40만 명 목표에 대한 예산 배정이고, 10조 원은 기출생한 아이들을 기르는 가정과 아이 앞으로 배정할 예산이다. 단, 10조 원에 대한 예산은 더 검토할 사항이 많아 추후 결정된 후 안이 좀 더 상세해지도록 하는 국민적 합의가 필요하다.

그러면 마지막으로 앞에서 제안한 내용과 그에 따라 필요한 후속 조치들을 표로 정리해 보자.

1. 출생아 목표 숫자는 연 40만 명이다.

2. 인센티브 금액
    2.1. 첫아이를 낳으면 출산 기념으로 부모에게 5천만 원을 현금으로 지급한다.
    2.2. 출생아 이름으로 5천만 원은 은행에 정기예금으로 통장을 지급하고, 성인이 되는 날 현금으로 지급한다.
    2.3. 둘째 아이를 낳으면 2억 원을 같은 방법으로 지급한다. 부모는 1억, 애는 5000만 원 그리고 남는 5000만 원은 먼저 태어난 아이와 반으로 나눈다. 따라서 각각 7500만 원씩이 된다.
    2.4. 셋째 아이를 낳으면 3억 원을 현금으로 준다.
    2.5. 집행원칙은 둘째 때와 같이 3명의 아이들이 평균 금액을 성인식 때 각각 지급받는다.
    2.6. 넷째도 마찬가지이다.
    2.7. 시행기간은 시작 후 10년이다.

3. 메시지는 간단하고 명료해야 한다. 서민 대중이 이해할 수 있는 용어로 설명을 잘 해야 한다.
   3.1. 아이가 출생한 사실이 증명되어야 준다. 출생 신고 시 지급한다는 안이다.

4. 다음과 같은 제안의 후속 조치들이 필요하다.
   4.1. "부총리급의 인구청"을 신설한다. 인구청 부총리의 임기는 5~10년이다.
   4.2. 축하금의 50%는 부모가, 나머지 50%는 성인식 때 나라가 아이에게 직접 전달한다.
   4.3. '삼포세대'니 '헬조선'이니 하면서 자조하는 젊은 세대가 많은데, 이렇게 되면 아이는 태어날 때부터 금수저를 물고 태어나는 것이 된다.
   4.4. 기존에 이미 태어난 아이 부모들은 오히려 보상을 더해 주어야 하는 것이 마땅하지만, 국가예산이 허락하는 한 앞으로 출산하는 아이들이 지급받는 수준으로 연차적으로 나누어 보상해 주면 형평성 문제는 없다.
   4.5. 이미 태어난 애들은 물론이고 앞으로 태어날 아이들은 국가의 자산이므로 국가가 책임진다고 하는 특별법을 제정할 필요가 있다('7장 아이들은 국가자산이다'에서 프랑스 사례를 참조하기 바란다).
   4.6. 입양제도를 활성화해야 한다. 아이는 단지 몸으로만 낳는 것이 아니다.

4.7. 2100년 인구피라미드 자료에 의하면, 2100년 우리나라 인구는 3,850만 명이다. 이 숫자는 2018년 기준 5,250만 명보다 1,400만 명이 감소한 인구가 된다. 이는 서울 인구 1,000만 명과 경상남도 337만 명이 없어지는 결과다.

4.8. 따라서 지금부터는 사회간접자본인 도로, 고속도로, 항만, 비행장 등 건설뿐만 아니라 국가 예산의 사용을 엄격하고 공정하게 심의하여야 한다. 국민의 소중한 세금이 출산을 지원하는 예산으로 쓰일 수 있도록 낭비되는 일이 없어야 한다.

우리 후손들이 살아가야 할 미래, 어떤 모습의 사회일까?

1995년 일이니 지금으로부터 23년 전이다. 프랑스 파리에서 남쪽으로 70여 킬로미터 지점에 퐁텐블로Fontanebleau가 있다. 프랑스 친구는 그 지역을 산림지역이라고 설명해 주었다. 그곳에는 나폴레옹이 집무실로 사용하던 퐁텐블로 성Chateau de Fontainebleau이 있다.

또한 유럽공동체European Union에서 운영하는 경영대학원인 인시아드INSEAD/Institut Européen d'Administration des Affaires가 위치해 있다.

나는 운이 좋은 사람이다. 나는 독일의 세계적인 제약회사 “H”사의 한국법인 이사Director였다. 회사에서 나를 인시아드로 단기 연수를 보내주었다.

미래의 사장 자격이 있는 능력의 소유자인지 아니지를 사전에 알아보려는 의도도 있었을 것이다. 또 한편으로는 나를 교육시켜 글로벌마인드를 가진 글로벌회사의 이사로서 키우고자 하는 의도도 있었을 것이다.

그 독일 회사에는 노벨상을 받은 과학자가 5명이나 있었다. 세계 순위가 1~3위에 랭크되는 대단한 회사였다. 출발 6개월 전에 나에게 통보가 왔다. 앞으로 있을 연수교육에 어학 등을 준비하라는 것이었다.

나는 주로 영업부에 근무를 하여 평소에 영어를 접할 기회가 거의 없었다. 그러나 프랑스 회사의 한국 측 이사를 맡고 나서부터 외국인들과 생활하며 영어를 접하고 난 이후로 영어에 대한 두려움은 없었다. 하지만 경영대학원에서 수업을 받을 수준은 아니었다. 정말로 어려웠다. 매일 편안히 잠을 자는 날이 거의 없었다. 사실 이해도가 너무 떨어졌다. 간신히 수료를 하고 돌아왔다. 마음고생을 정말 많이 했다. 공부를 열심히 했으나 제대로 이해하지 못했다.

하지만 교육을 받았다는 그 자체가 중요했다. 돌아오고 나서 변화가 생겼다. 비록 막연하지만 앞으로 세상이 어떻게 돌아가겠구나 하는 생각은 할 수 있었다.

경영대학원에서는 사례연구를 중심으로 공부를 한다. 사례연구를 통해 미래를 예측하고 대비하는 훈련을 하는 것이다. 당시는 IT 이야기도 초기 단계였다. 정보의 고속도로를 깔고 인터넷의 속도를 높이는 기술 등 지금 보면 낡은 기술이지만 그 당시에는 그런 내용들이 최신 정보였고 모든 것이 신기하기만 했다.

그때 나에게 신선하게 들린 이야기는 회사의 평균 수명이 20년이라는 것이었다. 내가 속한 "H"사는 100년이 넘는 회사였고 나는 그 회사가 영원할 줄 알았다. 그러나 그 유명했던 독일의 "H"사는 지금은 역사 속으로 사라졌다. 지금은 프랑스 회사에 "적대적 인수합병"되어 역사 속의 전설로 남았다. 이것이 글로벌회사들의 운명이다.

우리나라의 기업들도 이제는 글로벌회사가 되었다. 세계와 경쟁해야 한다. 세계적 기준global standard에 맞추어 회사를 운영해야 한다. "세계적 기준"이란 세계와 경쟁할 때 필요한 "세계경쟁의 규칙"을 의미한다. 따라서 세계적인 질서와 규칙을 지켜야 한다는 뜻이다. 세계와 경쟁을 하면서 한국적 현실을 운운하는 생각은 아직도 지역적 사고를 하는 것이다.

오늘날 기업의 평균 수명은 더 짧아졌다. 기술의 발달 속도는 더 빨라졌다. 내일을 약속해 줄 우리만의 제품이 그리 많지 않다. 따라서 미래 먹거리를 찾아 전심전력하고 있을 경영자들을 생각해 본다.

후손들이 살아야 할 미래의 사회는 어떤 모습의 사회일까?

나는 우리 손주들이 활동할 미래의 시대에도 지금 각광받는 직업들이 여전히 인기가 있을까 생각해 본다. 우리 손주들의 시대는 사물 인터넷, 인공지능, 무인자동차, 3D 프린터가 보편화된 사회일 것이다. 그때도 자금 우리가 원하는 직업군이 그대로 존경받고, 고수입을 올리는 직업일까?

지금 아이들을 키우는 엄마들은 아이들의 무엇을 길러 주어야 한다고 생각하는가를 묻고 싶다. 내 생각으로는 아이들이 큰 꿈을 꾸게 해주어야 한다. 꿈을 꾸어야 현실이 될 것이 아닌가? 자연과 벗하며 뛰어노는 아이들을 만들고 싶은데, 요즈음 부모들은 너무 틀에 맞추는 것은 아닌지 걱정이다!!

자녀의 대학 입학을 눈앞에 두고 있는 부모들에게 하고 싶은 말은 아이들이 왕성하게 활동할 미래의 사회는 어떠한 사회가 될 것인가를 알아보고 학과 선택을 권하라는 것이다. 장차 우리 손주들이 왕성하게 활동할 사회는 4차 산업이 보편화된 시대일 것이다. 그때 우리나라의 인구가 얼마이고 연령별 분포는 어떻게 되는지 조사하면 어렵지 않게 알 수가 있을 것이다.

미래를 예측해보고 나의 진로를 결정하는 합리적인 의사결정을 할 수 있도록 평소에 훈련하는 것이 중요하다고 생각한다. 분명 미국의 골드만삭스가 어떤 예측을 할 때는 그에 상응하는 모든 자료를 토대로 최종 결정을 했을 것이다. 아이들을 많이 낳으면 대한민국의 미래는 밝다고 자신 있게 출산을 권한다.

나는 지금 넓은 땅의 나라 미국과 캐나다를 여행 중이다. 시간과 기초 실력을 쌓아서 "인구와 국토 면적의 상관관계,

최적화 사이즈를 중심으로"라는 논문을 써보고 싶다.

캐나다는 국토는 너무 넓고 인구는 너무 적은 반면에 미국은 국토도 넓고 인구도 많고 출산율도 높다. 우리나라는 국토는 작고 인구는 많으나 인구절벽이다. 어느 나라가 미래의 국가가 될까?

그러나 인터넷 환경을 보면 두 나라 모두 문제가 있다. 인구와 국토 면적의 최적 사이즈가 얼마일까? 일례로 와이파이 환경 하나만을 볼 때 국토가 넓은 것이 반드시 장점은 아니다. 오히려 대한민국 정도의 크기가 딱 안성맞춤이라는 생각을 해봤다.

책의 마무리 작업을 하고 있다. 우리 손주들이 살아갈 미래, 2050년 세계 속 대한민국의 위상을 다시 한 번 생각한다. 평창 올림픽에서 느꼈던 "하느님이 보우하사 우리나라 만세"다. 하늘이 아직은 우리를 돕고 있구나 하는 생각에는 변함이 없다.

아이들만 많이 낳으면 국가가 알아서 키워주고 교육시켜주면 될 일이다!! 인구피라미드Population Pyramid 자료를 보라. 2100년 대한민국의 인구는 3,850만 명으로 줄어든다.

지금의 서울과 경상남도가 없는 규모의 대한민국이다. 좋은 일일 수도 있고 아닐 수도 있다. 출산과 사망의 균형점을 잘 맞추어 주면 아주 쾌적한 나라가 될 수 있다. 다만 이렇게 될 때까지 균형 있게 인구를 잘 조정해야 되는데 지금처럼 인구절벽은 안 된다. 건강하고 튼튼한 국가 대한민국을 만드는 것은 현 위정자들이 할 일 중 첫째가 되어야 하겠다.

나는 일생을 통해 배운 것이 있다. 나라건 개인이건 간에 운이 좋은 나라와 운이 좋은 사람이 있다는 것이다. 웃으면 복이 온다는 말이 새삼 의미 있게 느껴진다. "강한 자"가 살아남는 것이 아니라 "살아남은 자"가 강한 자라는 사실도 잊지 말아야 한다. 이 모두는 지식이 아니라 삶을 통해 터득한 지혜이다.

과거도 중요하고 미래도 중요하다. 그러나 더 중요한 것은 지금이라고 한다. 우리가 살고 있는 사회는 어떠한 사회인가 생각해보자.

나는 우리나라가 농업사회와 초기 산업사회일 때 태어났다. 그래서 그 당시에는 농업고등학교와 일반고등학교 그리고 상업학교가 있었다. 내가 대학을 갈 때는 공대의 화학공

학과, 의과대학, 법과대학, 상과대학이 가장 경쟁이 치열했던 것으로 기억한다. 금년도 2018년에는 대학 입시에서 어떤 학과에 대한 선호도가 나타날까? 현상을 보고 싶다. 생각해 보았다. 그리고 앞으로 30년 후, 즉 2050년의 인기학과는 어떤 학과일까? 아이들 부모는 생각해야 한다.

세계경제포럼은 2016년 1월에 열린 다보스포럼에서 4차 산업혁명을 화두로 제시하면서, 4차 산업혁명을 **"디지털 혁명에 기반하여 물리적 공간, 디지털적 공간 및 생물학적 공간의 경계가 희석되는 기술융합의 시대"**로 정의했다.

10년 전 인하대학교 학생들에게 '성공학' 강의를 한 적이 있다. 500여 명의 학생들이 모인 곳에서 한 말이 생각난다. 2050년 대한민국의 위상은 어떻게 될 것이냐 하는 문제였다. 그 당시 골드만삭스의 장기 보고서가 나왔다. 우리나라의 국제적인 위상이 어떻게 된다고 나왔는지 아는가? 그 답은 우리가 세계 2위가 된다는 것이었다. 이것은 우리 스스로 말하고 있는 것이 아니라 세계적인 투자자문회사인 미국의 골드만삭스가 한 말이다.

내가 지금 이 시점에서 왜 이와 같은 말을 하는가 하면, 그 당시 골드만삭스는 우리나라의 인구가 지금처럼 절벽을 맞으리라고 생각하지 못하였을 것이기 때문이다. 그러나 중요한 것은 오늘 살아남아야 한다는 것이다. 그러기 위해서는 아이들을 많이 낳아 우리나라가 이 지구상에서 없어지는 일이 없도록 해야 한다. 아이들을 낳아 기르는 일은 우리 조상에 대한 의무이고, 아이들을 키우는 재미는 화초를 키우는 것보다 더 큰 즐거움이라는 사실을 알았으면 한다.

우리는 과거에 그 누구도 예측하지 못했던 한국동란의 폐허에서 최단 시간 내에 한강의 기적을 이룩했다. 2002년 월드컵에서는 세계 4위를 차지해 또 한 번 세계를 놀라게 했다. 그러더니 이번에는 4수 끝에 "평창 동계올림픽"을 유치하고, 소치 올림픽의 1/10 비용으로 성공적인 흑자 올림픽을 개최함으로써 세상을 놀라게 했다.

나는 평창 동계올림픽의 개막식, 폐막식 그리고 장애인 올림픽 폐막식까지 모두 참석하여 우리 젊은 선수들을 마음으로 응원했다. 그때 아직은 국운이 남아 있음을 느끼고 왔다. 인구절벽의 위기를 기회로 반드시 성공시키는 데 일조를 하겠다. 우리 아이들에게 희망의 나라를 물려줄 것이다.

당시 하늘이 우리나라를 성원하고 있음을 보았다. 지난겨울은 유난히도 추웠다. 영하 17도가 며칠씩 계속되었다. 개막식, 폐막식이 열리던 메인스타디움은 천장이 없는 가건물이었다. 개막식이 열리던 그날, 영하 몇 도였는지를 기억하는가? 낮에는 영상의 날씨였다. 많은 매스컴에서 영하의 날씨가 예상된다며 마치 동태 올림픽이라도 될 것처럼 조롱했었다. 그러나 개막식 당일, 하늘은 영상의 화창한 날씨로 평창 올림픽의 개막을 축하해 주었다.

그 개막식이 열린 메인스타디움은 황태덕장에 가건물로 만들었다고 한다. 지붕이 없는 가건물이었다. 만약 그날 영하의 날씨였다면, 개막식이 열리는 그 밤 시간은 얼마나 추었을까? 상상하면 아찔하다. 또 폐막식은 어땠나? 또 영상의 날씨였다. 그날은 바람 한 점 없는 화창한 날씨였다. 동계올림픽이 끝나고 이어서 벌어진 장애인 올림픽의 폐막식도 참석하였다.

지금도 그날을 기억한다. 오후 4시경 메인스타디움이 있는 평창에 도착하였다. 바람이 조금 세게 불었다. 그러나 날씨는 또 영상이었다. 올림픽도 거의 끝나 가는지라 사람들이 많이 보이지 않았다. 을씨년스러운 날씨에 사람들마저 많지 않으니 쓸쓸하기까지 했다. 그러나 막상 폐막식 시간이 가까워 오자 어디선가 사람들이 무더기로 나타나 메인스타디움을 꽉 채우는 것이 아닌가!! 그렇게 사람들로 가득 메워진 메인스타디움에서는 국악과 우리의 춤으로 시작을 알렸다. 그러더니 폐막식이 막 끝나자마자 빗방울이 떨어지기 시작하는 것이 아닌가!! 그러나 그 누구 하나 동요하는 사람이 없었다. 모두 질서 정연하게 해산했다. 그때 나는 우리나라의 국운이 살아 있구나 하는 데 감사했다.

가장 용맹한 부대, 특전사령부와 해병대의 "안 되면 되게 하라"는 구호는 우리 사단의 구호인 "실천"보다도 내가 더 좋아하는 구호다. 이미 앞에서 이야기했던 대로다.

학교는 산업사회의 모델이다. 산업사회는 집합의 사회다. 모든 사람들이 모여서 힘을 합해 일을 하는 사회를 말한다. 그러나 지식정보화 시대는 분산의 사회다. 따라서 학교에 모여서 공부하지 않아도 인터넷 망을 통하여 컴퓨터로 전 세계 유명한 대학의 강의를 들을 수 있다.

전 세계인들이 사이버 공간에 모여 토론하고 방학 때 만

나서 워크숍을 하고 우정을 쌓으면 된다. 학교를 안 보내고 집에서 공부하면 인성이 문제라고 한다. 정말 그럴까? 변화를 주도하느냐 아니면 따라가느냐 하는 선택의 문제만 남았다. 4차 산업사회에 대한 정의를 다시 한 번 여기에 옮겨 보겠다.

4차 산업혁명은 **"디지털 혁명에 기반하여 물리적 공간, 디지털적 공간 및 생물학적 공간의 경계가 희석되는 기술융합의 시대"**로 정의된다.

5장

인구가 자원이다

내가 중학교에 다닐 때에는 지리 시간에 이렇게 배웠다. 우리나라는 3면이 바다이고, 지하자원은 거의 없다. 국토는 좁다. 인구가 많아서 못산다고 가르쳤다. 1960년대 우리나라 인구는 2,500만 명이었다. 58년 동안 인구는 꾸준히 늘어, 2017년 대한민국의 공식적인 인구는 5,150만 명이 되었다.

당시에는 우리들에게 꿈을 심어주지는 못할망정 미래가 없는 나라인 것처럼 우리를 가르쳤다. 그래서 그때 지도자들은 인구를 줄일 방법의 하나로 산아제한을 결정했던 것이다. 아마도 산아제한의 아이디어를 처음 제안한 사람은 표

창장을 받았을 것이다.

그 당시 산아제한을 결정하던 회의 모습을 상상해 보자. 만약 58년 후 먼 미래를 예측할 수 있는 혜안慧眼을 가진 분이 그 결정을 하는 자리에 있어서 "산아제한은 생명을 죽이는 것이니 안 된다"고 말렸더라면 산아제한 정책은 도입되지 않았을 것이다.

산아제한 정책은 생명을 죽이는 행위다. 그러나 잘못된 교육으로 인해 우리는 죄의식도 없었다. 오늘날은 인구가 곧 국력인 세상인데 왜 그 당시에는 그것을 몰랐을까? 나는 운명이라는 말을 자주 쓴다. 내 팔자가 그렇다고 자신을 비하시킬 수도 있지만 어떻게 생각하는가에 따라서 결과는 엄청난 차이를 나타낸다.

나는 긍정적이고 적극적인 사람이다. "나는 할 수 있다", "안 되면 되게 하라"는 구호를 실천하려고 꾸준히 노력하면서 사는 사람이다. 이번 "인구절벽도 반드시 해결하고야 말겠다"고 다짐한다.

여러분들의 선배는 한강의 기적을 이루었다. 1988년 서울올림픽도 성공시켰다. 서울올림픽은 대한민국의 위상을 제고시켰다. 나는 1978년에 처음으로 일본을 여행했었다. 그 당시 국제사회에서 대한민국의 위상을 생각해 보라!!

금년 2월에 개최된 평창 동계올림픽은 네 번째 도전하여 유치한 동계올림픽인데 얼마나 말들이 많았는가? 긍정적인 말보다는 부정적인 말들만 무성했었던 것을 기억하는가?

나는 개막식, 폐막식, 장애인 올림픽 폐막식도 가서 봤다. 개막식 현장에서, 폐막식 현장에서 우리나라에 국운이 있다고 확신하게 되었다. 날씨가 도와주어서 성공한 것이지 준비를 잘해서 성공한 것은 아니라는 뜻이냐고 한다면 그것은 아니다. 준비도 잘하였고 하늘도 도와주어 성공적인 올림픽이 되었다. 하늘이 대한민국을 보호하고 있는 것이다.

내가 어렸을 때에는 지리시간에 우리나라는 3면이 바다이고 지하자원은 부족하다고 가르쳤다. 인구가 많아 못사는 것처럼 교육하지 않고 미래에는 "인구가 재산이다. 산이 보물이다. 바다가 미래의 먹거리 밭이다"라고 교육했더라면 우리는 지금 관광대국, 해양대국, 산림대국의 대한민국으로 평가받고 있을 것이다.

우리는 한강의 기적을 이룬 민족으로 또다시 기적을 만들어 나가야 한다. 그러려면 생각을 바꾸어 나가야 한다. 생각을 긍정적으로 가져야 한다. 아이를 낳아 행복하게 사는 상상의 꿈을 꾸어야 한다. 그러나 언제부터인지 모르지만 우리는 바이러스에 감염되었다. 나는 우리 자신을 비하하는 말을 들을 때마다 너무나 속상하다. 헬조선이라니 참으로 걱정스럽다. 선배들이 이룩한 업적을 따라 배우지는 못할망정 빈정대고 자조하지는 말아야 한다.

나는 남들이 싫어하는 영업직을 선택했다. 일생을 현장을 누비고 다녔다. 나는 약사다. 개업하면 돈도 많이 벌었을 것이다. 그러나 나는 회사생활을 택했다. 23세부터 65세까지 정말 열심히 살았고 많은 노하우도 축적했다. 나 혼자만 알고 후배들에게 가르쳐 주지 않는 것은 좋은 태도가 아니라고 생각했다. 그래서 『영업의 핵심Core of Business』이라는 책을 썼다. 30년 넘게 일선을 누비면서 터득한, 비즈니스는 이렇게 하면 성공한다는 원칙을 말하고 싶었다.

그로부터 다시 10년이 지났다. 인구절벽을 해결할 수 있는 대안을 제시하고 싶어서 이 책을 쓰게 되었다. 내 손주들의 짐을 덜어줘야겠다는 일념밖에 없다.

내가 생각하기에 인구절벽도 위기이지만, 인구절벽을 얘기하면서 "여기 문제가 있다"고 지적만 하고 해결책을 내놓지 않는 것이 더 큰 문제다. 위기에는 반드시 예령이 있다. 아무 징후도 없이 화산이 폭발하지는 않는다. 그러므로 공부를 해야 한다. 미래를 예측할 수 있게 공부하자. 그런데 위기에 처하고서도 그 경고를 무시하고 눈앞의 손익에만 급급한 사람들이 있다.

아이들 키우는 데 돈이 많이 든다거나 지금 자신의 삶이 힘들다거나 집값이 너무 비싸다는 등의 단기적이고 부정적인 생각으로만 가득한 언어들이 우리의 정신을 황폐화시키고 있다. 애 키우는 데 돈이 많이 드니 내가 더 열심히 살아야겠다고 긍정적인 방향으로 생각을 바꾸어 보라. 우리가 살고 있는 사회가 어떻게 구성되어 있는지 폭넓게 그리고 면밀히 공부해 보라. 분명히 답이 보일 것이다.

나는 65세에 일을 그만두었다. 그러나 지금은 백세 시대다. 공부하기로 마음먹었다. 노년기老年期를 행복하게 사는 길에서 최고는 공부하는 것이라고 공자님께서도 말씀하셨다. 어떤 사람들은 70세이니 이제 그만 쉬라고 한다. 전문가가 할 일이라고, 전문가도 아니면서 왜 나서느냐고 말하는 사람들도 있다. 그러나 학자, 연구원 분들에게도 부탁드리고 싶은 것이 있다. 제안한 안이 잘못된 것이라면 안 되겠지만, 제출한 보고서와 달리 국가운영을 할 때는 적극적으로 나서서 주장하는 바가 정부의 안으로 받아들여질 때까지 정책 입안자들을 설득함으로써 그대로 집행되게 하는 끈질긴 학자, 연구원 분들이 되었으면 한다. 나는 인구절벽을 해결하도록 뛸 것이다. 이것은 나의 확고한 생각이다. 최근 당국의 출산지원 정책 발표를 보면서 걱정스러운 마음이 들었다.

국민이 곧 국가다. 국민 없는 국가가 어떻게 있을 수 있는가? 따라서 대통령께서도 출산장려 정책을 국정 최우선 과제로 정하고 직접 챙겨 주시기를 바란다. 시간이 없다. 국민이 없는데 경제는 어떻게 살릴 것인가?

청년 실업이 가장 문제라는 사람들이 있다. 일자리가 없다면 기업을 지원하면 된다. 그들이 글로벌 경영에서 이기면 수많은 일자리가 생길 것이다. 만약 진다면 "이보 전진을 위한 일보 후퇴"의 마음으로 잠시 물러서 때를 기다리면 된다. 우리는 한때 전쟁을 겪고 전 세계에서 가장 가난한 나라 중 하나였다가 한강의 기적을 일으켰던 경험이 있다. 그러한 기회는 분명히 다시 올 것이다.

자원이 없다는 분들께 말한다. 21세기 자원은 지하자원이 아니라 두뇌자원이 핵심이다. 땅덩어리가 크다고 강국이 아니다. 사이버세계가 우리의 땅덩어리다. 사이버세상의 강국은 우리 대한민국이다. 핸드폰이 빵빵 터지고 초고속 인터넷망이 쫙 깔려 있고 와이파이가 전국 어디에서나 터지는 나라가 대한민국 말고 또 어디에 있는가?

지금 우리나라는 늙은 대한민국으로 가고 있다. 최장수국가가 된다고 한다. 장수 국가는 젊은 아이들이 있고 오래 사는 장수사회, 곧 균형이 잡힌 대한민국의 인구분포가 되어야 한다. 그러려면 젊은 부부들이 아이를 낳고 기를 수 있도록 국민 모두가 힘을 합해야 한다. 우리 국민들이 누구인가? 최단 시일 내에 최빈국에서 지금은 남들이 부러워하는 대한민국을 만들은 위대한 국민이 아닌가?

지금으로부터 10년 전, 골드만삭스는 2050년에 대한민국이 세계에서 두 번째 나라가 된다는 전망을 내놓았다. 이는 정상적인 출산이 이루어질 때 그렇게 된다는 것이었다.

그러나 중요한 것은 오늘 살아남아야 한다는 것이다. 그러기 위해서는 아이들을 많이 낳아 우리나라가 이 지구상에서 없어지는 일이 없도록 해야 한다. 아이들을 낳아 기르는 일은 우리 조상에 대한 의무이고, 아이들을 키우는 재미는 화초를 키우는 것보다 더 큰 즐거움이라는 사실을 알았으면 한다.

09 2월 FEB
19:00
C13
PyeongChang 2018
개회식
평창 올림픽 스타디움
동 Sector C
구역 Block 214
열 Row 12
좌석 Seat 20
한진관광
HANJIN TRAVEL
C13

22 2월 FEB
19:00
A17
쇼트트랙 스피드 스케이팅
Short Track Speed Skating
강릉 아이스 아레나
Gangneung Ice Arena
게이트 Gate 19
구역 Block 202
열 Row 1
좌석 Seat 19
한진관광
HANJIN TRAVEL
A17

6장

역사는 반복된다

역사에서 배운다고 했다. 영국의 역사학자 토인비는 "역사는 반복된다"고 했다. 그렇다면 역사에서 해법을 찾아보자는 생각이 났다.

저출산 문제로 고민한 흔적들이 나왔다. 생각보다 더 심각하다.

다음은 스파르타와 고대 그리스, 로마제국 등 고대 국가들에서의 저출산 문제와 인구 감소를 다룬 기사와 자료들이다.

첫 번째는 「〈2018 대한민국 미래 리포트〉 스파르타를

무너뜨린 것은 페르시아가 아니라 저출산」이라는 2018년 4월 3일 자 《문화일보》 기사이다.[15]

이 기사는 "스파르타를 무너뜨린 것은 페르시아의 크세르크세스가 아니라 저출산이었다"며 "'죽은 경제학자의 살아 있는 아이디어'란 책으로 유명한 미국의 경제학자 토드 부크홀츠는 자신의 저서 '다시, 국가를 생각하다'(2017년 4월 출간)라는 저서에서 이렇게 주장했다"고 이야기한다.

> 저출산으로 인한 인구 감소는 우리 시대만의 문제가 아니라 번영을 누렸던 역사 속 많은 국가가 경험했던 공통 현상이라는 것이다.
>
> 이 책에 따르면 고대 그리스의 강대국 스파르타는 전쟁을 통해 부를 쌓았고 잡아온 포로들에게 노동력을 의존하기 시작하면서 아이를 많이 낳지 않기 시작했다. 국가가 부강해지면 부강해질수록 스파르타인들에게 출산은 점점 매력을 잃었다. 자녀를 낳으면 사치를 즐길 기회가 줄어들고 재산을 더 많은 사위와 며느리에게 나눠줘야 한다는 뜻이었기 때문이다. 이렇게 스파르타가 번영할수록 스파르타인들의 출산율은 더욱 떨어졌고 기원전 4세기 스파르타 인구는 건국 초기에 비해 80%나 감소했다.

---

15 김다영 기자, 「<2018 대한민국 미래 리포트> 스파르타를 무너뜨린 것은 페르시아가 아니라 저출산」, 《문화일보》, 2018년 4월 3일

아리스토텔레스도 자신의 저서 '정치학'에서 스파르타의 인구 감소 문제를 지적한 바 있다. 인구 감소 현상에서 위기감을 느낀 스파르타도 자녀 셋을 두면 공동 노동에서 면제되고 넷을 두면 세금까지 면제해주는 등 인구부양책을 썼다. 오늘날 많은 국가가 인구절벽을 막기 위해 출산·양육 정책을 쓰는 것과 다를 바 없는 모습이다.

인구 감소는 스파르타뿐 아니라 고대 그리스 전체의 문제가 됐다. 기원전 2세기 중반에 살았던 역사학자 폴리비우스는 당시 "현재는 아이를 갖지 않는 사람이 헬라스(그리스) 전역에 많으며 전체적인 인구 감소도 엿보인다"며 "이로 인해 도시는 황폐해지고 토지 생산도 줄어들었다. 장기적인 전쟁이 있었다든가 역병이 돈 것도 아니었는데 말이다"라고 기록을 남겼다.

또 "인구가 감소한 원인은 번영을 누리게 된 인간이 탐욕과 태만에 빠져 결혼을 원하지 않고, 설령 결혼할지라도 태어난 아이를 양육하려 하지 않으며 아이를 유복한 환경에서 방종하게 키울 생각으로 기껏해야 한 명이나 두 명만 낳는 데 있다"며 "이러한 폐해가 알게 모르게 확산됐다"고 기술하고 있다. 고대 로마 역시 저출산 문제로 고심했다. 기원전 1세기경 아우구스투스 황제는 이혼했거나 결혼하지 않은 독신 여성에게 상속을 금지하는 등 다양한 형태의 결혼·출산 장려정책을 펼쳤다.

저출산과 인구 감소를 인류 발전에 따른 자연스러운 결과물이라고 하면 저출산 국가에서 실시하는 출산 장려 정책의 한계는 분명하다. 선진국 사례에서 보듯이 적극적인 이민정책 이외에는 저출산 추세를 되돌리기란 거의 불가능에 가깝다.

다음은 「저출산, 옛날엔 훨씬 더 심각?... 기상천외한 역사 속 저출산 대책들」이라는 2018년 5월 24일 자 《아시아경제》 기사이다.[16]

기사에 따르면 "군사국가였던 스파르타에서 저출산은 사회근간을 무너뜨릴 수 있는 문제라 인식되어 미혼 남녀에겐 엄청난 세율의 '싱글세'를 부과한 반면, 아이를 넷 이상 낳으면 면세 혜택을 부여했다"고 한다.

스파르타의 300% '싱글세'
로마제국의 '노총각세'와 '세 아이법'
사회구조적 변화없는 재원투입... 백약이 무효란 교훈 남겨

올해 1분기 출생아 숫자가 통계작성 이후 최저수준인 8만명대로 떨어졌다는 소식에 인구절벽 우려가 더욱 커졌다. 2006년 이후 10여년간 저출산 고령화 대책으로만 225조원 이상의 재원이 소모됐

16 이현우 기자, 「저출산, 옛날엔 훨씬 더 심각?... 기상천외한 역사 속 저출산 대책들」, 《아시아경제》, 2018년 5월 24일

으나 가파르게 진행 중인 저출산 문제를 해소하기에는 역부족으로 보인다.

저출산이 사회 문제로 떠오르면서 자연 관심을 받게 된 것이 과거 역사 속의 저출산 대책들이다. 저출산은 흔히 산업화시대 이후 현대사회의 문제로 인식돼있지만, 고대부터 현대에 이르기까지 어느 시대에나 겪은 문제였으며, 오히려 유아사망률이 훨씬 높았던 고대에는 지금보다 훨씬 심각한 사회문제로 인식돼 기상천외한 대책들이 쏟아졌다.

……

싱글세는 고대 로마제국에도 도입됐는데, 기원전 403년 시작된 '노총각세(aes uxorium)' 부과를 시작으로 기원전 18년 아우구스투스 집권기에는 여러 가지 저출산 정책들이 공식적으로 입법화되기도 했다. 미혼자들은 아예 부모 재산을 상속받을 수 없게 하고, 결혼은 했어도 자식이 없는 사람은 상속세로 50%를 내야 하는 법률을 만드는 한편, 자녀가 없으면 고위공직에 오를 수 없게 제한을 두기까지 했다. 이와 함께 아이를 세명 이상 나으면 각종 혜택을 부여해주는 '세 아이법(jus trium liberorum)'이란 법도 있었다고 전해진다.

우리나라 조선시대도 예외가 아니었다. 빈부격차 심화로 혼수 장만이 어려워 결혼을 못하는 양인여성의 숫자가 늘어나자 성종 때는

30세 이상 미혼 여성의 숫자를 조사시킨 후, 혼인보조금을 지급하는 정책을 폈으며, 혼기가 넘었는데도 시집을 안가면 그 집안 가장을 처벌하는 등 강압적인 저출산 대책들이 줄을 이었다.

당시에는 유아사망률이 워낙 높았던 탓에 인구 유지를 위해 최소한 가정당 3~4명의 아이는 낳아야 하는 시대였기 때문에 지금보다 훨씬 강경한 저출산 대책들이 동원됐다. 하지만 부유층은 부유층대로, 서민들은 서민대로 저출산을 선호했다. 부유층들의 저출산이 심화된 주된 이유는 상속문제 때문이었다. 장자에게 독점 상속하고 나머지 자녀들은 분가시키던 종래 상속법이 깨지고 자녀균분 상속제를 정부에서 강제하기 시작하자 귀족들과 부유층들은 가문의 재산이 쪼개져 생활수준이 낮아질 상황을 피하고자 자녀를 일부러 적게 낳기 시작했다.

한편 서민층들은 빈부격차 심화로 자영농 계급이 몰락하고 도심지의 임금노동자로 전락, 자산 축적이 사실상 불가능해지면서 결혼을 할 수 없는 상황에 놓여 저출산이 계속 심화됐다. 사회구조적 문제를 풀지 못한 상태에서 각종 지원, 강압적인 대책을 써도 백약이 무효였던 것이다. 고대부터 진행돼온 이런 역사 속의 각종 대책들을 토대로 수백조원의 재원을 쏟아붓고 있는 현대의 저출산 대책들 역시 사회구조적 문제의 해결 없이 진행되다 보니 이렇다 할 좋은 성과를 내지 못하고 있다.

세 번째는 「나라살림 홍망사—인구가 줄어 몰락한 스파르타」라는 《월간 참여사회》의 자료이다.[17]

> ……
>
> 인구증가를 위한 법은 있었다. 당시 자녀 셋을 두면 노동에서 면제되고, 넷을 두면 세금까지 면제되었다. 하지만 토지독점이라는 경제문제의 본질을 회피했기 때문에 실패할 수밖에 없었다.
>
> 인구가 늘면서 토지가 분할되자 상당수는 빈곤해졌다. 그래서 부유층은 재산유지를 위해 출산을 의도적으로 회피했다. 그래서 경제력이 집중되었다. 때문에 토지를 소유한 가문이 3세기 즈음에는 100여 개에 불과하게 된다. 물론 외국인을 유입해 문제를 해결하려 했지만 근본적인 해결책은 되지 못했다. 그들에게는 소유권을 인정하지 않았기 때문이다. 결국 경제문제가 가져온 인구감소가 스파르타를 몰락하게 만든 것이다.

---

17 참여연대, 정창수 좋은예산센터 부소장, 「나라살림 홍망사—인구가 줄어 몰락한 스파르타」 《월간 참여사회》, 2011년 1월 호

스파르타에서는 새로운 사람들이 부유층으로 진입하는 것은 거의 불가능했다. 스파르타는 이런 배타적인 정책 때문에 스스로 절멸한 것이라 볼 수 있다. 긴밀한 결합으로 자신의 계급을 유지하려는 정책과 일종의 산아제한, 가족규모제한, 독신주의 횡횡 등도 인구가 감소하는 원인이었다. 이에 반해 영국 귀족계급은 가문이 끊기고 작위가 단절되어 귀족 수가 줄어들자 새로운 작위를 수여함으로써 그 세력을 유지했다.

로마시대에서도 인구감소 문제가 심각했다. 그라쿠스 형제가 10남매였듯이 기원전 2세기에는 다산(多産)이 일반적이었지만 기원전 1세기경에는 출산이 급격히 감소했다. 그래서 아우구스투스는 간통법과 혼인법을 제정해서 자유연애를 범죄로 규정하고 이혼했거나 결혼하지 않은 독신여성에게는 상속을 금지하는 등 재산 소유를 제한했다. 비슷한 상황의 남자는 공직에 진출하는 데 한계가 있었다. 이혼도 마음대로 할 수 없었다. 하지만 실효는 없었다. 양극화로 인해 자유민이 몰락했기 때문에 대상자 자체가 줄어들었기 때문이다. 그럼에도 로마는 스파르타와 달랐다. 아프리카인이 황제가 될 정도로 개방적인 사회였기 때문이다.

우리도 인구감소를 많이 우려했다. 그래서 조선시대에는 고조(顧助, 보살피며 도와줌)라는 정책을 시행했는데, 결혼하지 못한 처녀를 조사해 그 연유를 기록한 후 혼인보조금을 지원하는 것이었다. 능력이 있음에도 시집을 보내지 않으면 국문을 하기도 했다.

부자들은 재산 감소를 우려해서, 가난한 사람들은 부양 능력이 없어서 아이를 낳지 않는 것은 공통적인 현상이었다. 부유해져서 인구가 감소한다는 것은 한 면만 본 것이다. 대부분은 양육 같은 경제 문제가 핵심이다. 그래서 근대 이전의 국가에서는 출산장려 정책을 일관되게 추진했다.

최근 출산감소가 국가적인 문제로 등장했다. 한때는 세계에서 가장 성공적으로 산아 제한을 했다고 호들갑이더니 이제는 온통 인구감소 걱정들이다. 노 대통령은 선거 당시 “아이는 제가 키워주겠다”고 했다. 출산장려의 핵심은 육아문제라는 것을 인정한 것이다.

하지만 아직도 일부에서는 저출산 현상을 편한 것만을 찾는 풍조로 돌리고 있다. 세상을 단순하게 바라보는 사람들은 항상 엉뚱한 일을 벌인다. 출산하지 않는 사람들에게 세금을 부과하는 출산기피부담금까지 제안되고 있는 상황이다. 일부 지방자치단체에서 다산왕 선발대회를 개최한 것도 그런 발상에서 비롯된다. 여성들이 아이를 낳지 않는 것이 단순히 귀찮아서라고 생각하고 있음을 보여주는 반증이다.

부유해지면 인구가 감소한다는 것은 일면을 본 이야기이다. 사회불안정도 인구감소의 원인이다. 최근 러시아는 급격한 인구감소를 보이고 있는데 그 결정적 요인은 경제불안 의료체계의 붕괴 등 사회불안이라고 한다. 공동체의 활력과 인구증가는 불가분의 관계이다.

인구감소로 인한 위기가 닥치는 것은 어떻게 보면 폐쇄성도 한 이유가 될 수 있다. 흑사병과 같은 커다란 재앙이 아니고서는 아무리 인구가 줄었다 한들 전체가 줄어드는 경우는 드물다. 그래서 외국인노동자를 대하는 태도는 인권 문제뿐 아니라 국가의 존망과도 연결된다는 점을 인지해야 할 것이다.

최근 우리나라의 저출산. 고령화의 핵심 원인으로 집값 급등과 고용 불안이 지목됐다. 한국은행 금융경제연구원 12월 22일 발표한 '저출산·인구고령화의 원인에 관한 연구' 보고서에 의하면, 고용이 불안정해지거나 주택가격이 상승할 때 결혼 건수와 결혼율이 줄어드는 것으로 나타났다. 임시직 비율이 1%포인트 상승하면 결혼은 330건 줄고 결혼율(15~39세 인구 1,000명당 결혼 건수)은 0.23~0.40건 하락했다. 또 실업률이 1%포인트 높아지면 결혼은 835~1,040건 줄고 결혼율은 0.18~0.42건이 낮아졌다.

국내 기업은 비용 절감을 목적으로 임시직을 활용하기 때문에 임시직 증가는 소득 불평등 확대로 이어지고 미래 소득의 불확실성이 커지면서 결혼을 늦추게 된다. 또 주택가격 상승 역시 결혼 비용의 상승을 가져와 결혼에 부정적 영향을 미치는데 주로 남성의 평균 초혼 연령을 높이는 것으로 분석됐다. 특히 주택매매 가격보다 전세 가격에 더욱 크게 반응하는 것으로 나타났다.

우리나라에서는 남성이 주로 주택 마련 비용을 부담하는데 전세 등 주택가격 상승이 남성의 초혼 연령이 높아지는 결과를 가져오고, 그럴수록 출산율이 낮아져 인구구조가 고령화된다.

……

이처럼 결국 인구가 감소한 나라는 역사 속으로 사라졌다. 그러니 "저출산 문제는 총체적인 경제문제이고 저출산과 고령화를 완화하려면 근본적으로 고용 안정성을 높이고 실업률을 낮추"는 국민운동으로 국가의 위기를 극복하는 지혜를 모아야 한다.

나는 지난달 미국·캐나다 그리고 남미 여러 나라들을 여행했다. 나이아가라 폭포도 보고 이구아수 폭포도 봤다.

처음에는 나이아가라 폭포를 보고 열광했었는데 이구아수 폭포를 보면서 나이아가라 폭포는 저리 가라고 외쳤던 생각이 난다.

그리고 이구아수 폭포의 역사에 대한 설명을 들었던 기억이 난다. 이구아수 폭포는 원래는 파라과이 땅이었다고 한다. 그러나 전쟁에 패하여 브라질과 아르헨티나가 나누어

가져, 지금은 이구아수 폭포는 브라질과 아르헨티나의 관광 자원이나 파라과이 사람들은 바라만 볼 뿐이었다. 나는 이구아수 폭포가 파라과이 영토였다는 사실을 모르고 있었다.

전쟁에 진 원인이 나가 싸울 남자들이 많지 않아 패하였기 때문이라고 한다.

인구가 많은 것이 한때는 나쁜 것처럼 우리에게 교육했던 시절이 있었다. 지금 학생들은 보릿고개도 모르고 원조물자에 의존하던 나라라는 것도 모른다.

우리에게 원조해 주었던 그 나라들의 은혜를 잊으면 안 된다고 생각하고 나는 입양을 하자고 주장한다.

식량이 부족했기 때문에 인구가 많은 것을 못사는 이유로 생각하였으나, 지금은 과학 기술이 발달하여 식량이 남아도는 시대가 되었다.

앞의 《월간 참여사회》 자료에서 보았다시피 우리나라의 역사에서도 인구 감소를 막기 위해 특별 조치를 취한 흔적을 볼 수 있었다.

조선시대에는 '보살피며 도와주다'라는 뜻의 고조顧助라는 정책을 시행해 결혼하지 못한 처녀를 조사한 후 혼인보조금을 지원했다고 한다. 또한 능력이 있음에도 시집을 보내지 않으면 그 부모에게 국문鞠問을 하기도 했다고 한다.

우리나라가 산아제한에 성공했다고 자랑하던 시절에 나는 살았다. 그래서 인구는 항상 넘치는 줄 알았다. 그런데 아이들을 낳지 않아 나라가 없어질 지경이라니….

서울대학교 의과대학 '장수사회선도 최고전략과정' 첫날 첫 시간, 한 장의 슬라이드를 보고 순간 나도 모르게 "우리 손주 큰일 났네!!!"라고 중얼거렸었는데, 그것이 이 책을 쓰는 단초端初가 되었다.

책을 쓰다 보니 저출산 문제는 정부 차원에서만 노력해서 될 것이 아니라 국민운동으로 벌여야 해결할 수 있다는 결론에 이르렀다.

항상 국가가 위기에 처할 때마다 민초들이 국난을 극복하는 밑거름으로 몸을 불사르지 않았던가?

나는 이미 70세가 넘었지만 우리 손주들에게 헬조선을 물려주지 않겠다는 생각으로 온갖 자료를 찾아보고 무엇이 해결 방안인가를 생각한다.

지난 40년 동안 영업사원으로 시작하여 사장 그리고 다른 회사로 옮겨 영업마케팅 상임고문까지 지냈다. 그리고 5년 이상 문밖출입도 하지 않았었다. 그러나 나를 다시 일으켜 세운 것은 손주들이었다.

“생각이 바뀌면 행동이 바뀌고 행동이 바뀌면 천성도 바뀐다“고 하지 않는가?

하루아침에 생각을 바꾸라고 한다고 바꾸어지지는 않겠지만 꾸준히 매일매일 하루에도 수십 차례 반복 강조하면 사람은 어느 순간부터는 변화하는 것을 나는 경험했다.

그것이 바로 홍보나 광고의 효과다.

장례 문화 하나만 보자!

지금은 사람들이 ‘매장’보다 ‘화장’을 더 많이 선호하는 것 아닌가?

“만혼에서 조혼으로”라는 캠페인을 벌이면 또 하나의 기회가 되지 않을까?

위기는 곧 기회다.

매장 문화에서 화장 문화로 바뀌는 문제도 어떠하였나를

생각해보면 이해가 될 것이다.

저출산을 해결할 방법으로 “만혼을 조혼으로”라고 산아제한 때보다 더 강력한 홍보전략을 펼쳐야 한다. 정부에서 출산장려 정책에 대한 홍보 캠페인 포스터도 만들었었다. 그러나 한 번도 본 적이 없었다.

저출산을 해결하겠다는 우리의 의지가 너무 미약했었던 것이 아닌가?

잘잘못을 따지지 말자!!! 늦었다고 생각하는 지금 이 순간부터 우리가 하면 된다.

대한민국은 기적을 만들어 또 한 번 세상을 놀라게 하자.

그래서 인센티브를 주자고 주장한다.

사람들은 이런 주장을 하는 나를 보고 이상한 소리를 한다고 할는지도 모른다. 나는 지금 우리 손주들에게 헬조선을 물려줄 수 없다는 일념뿐이다.

아이를 많이 낳으면 미개인 취급을 했던 기억도 있다. 그러나 지금부터는 다둥이 가정이 선견지명이 있는 애국 가정이라는 것을 알았으면 한다.

나는 지금 유튜브로 김형석 교수님의 동영상 강의를 듣고 있다. 우리 회사는 사원교육을 많이 시킨다. 매년 초 또는 하반기를 시작하는 7월 초에 워크숍을 한다. 정신교육을 위해 다양한 강사분들을 모시고 강의를 들었었다.

워크숍에 초대강사로 오셔서 강의를 하셨던 숭실대 안병욱 교수님의 주옥같은 말씀을 기억한다. 내 인생을 바꾼 강의였다.

> 생각이 바뀌면 행동이 바뀌고.
> 행동이 바뀌면 습관이 바뀌고.
> 습관이 바뀌면 천성도 바뀐다.

안병욱 교수님은 이미 세상을 떠나셨고, 연세대 철학과 교수였던 김형석 교수님을 모시고 강의를 들었었다. 그런데 지난 여행 중 우연히 호텔에서 유튜브를 보다 교수님의 강의를 듣게 되었다. 교수님은 99세라고 하시면서, 산아제한을 강조하던 시절의 에피소드를 들려 주셨다. 최근《조선일보》에 칼럼을 쓰시는 것을 보면 정말 존경받아 마땅한 분이다.

김형석 교수님이 지금까지 건강하게 우리들의 정신적인 지주로 살아 계시고 왕성한 집필과 강의를 하시니 참으로 다행이다.

정부에서는 교수님을 모시고 "대국민 출산 캠페인"을 벌일 것을 강력히 주장한다.

교수님은 6남매를 두셨다고 했던 것 같다. 자식 키우는 즐거움에 대하여 말씀하셨던 것도 기억한다.

한때 우리나라는 인구가 많아서 잘 못산다고 했었다. 그래서 강력한 산아제한을 펼쳤다. 하지만 한편으로 생각해보면 그로 인한 후유증인줄 알았는데 지금 출산을 기피하는 세대는 그때 태어난 세대가 아니다.

앞에서 역사를 통해 알아보았다.

답이 있었다. 태평세월이 지속될 때 나타나는 사회현상 중 하나가 출산기피라고 한다.

역사는 반복된다.

그럼 우리나라는 스파르타나 고대로마제국처럼 저출산으로 없어질 나라가 될 것인가? 아니면 저출산을 출산으로 의식을 전환하기 위한 강력한 폭풍을 일으킬 인센티브 정책을 쓸 것인가?

우리나라가 최장수 국가가 된다는 말이 하나도 반갑지 않다. 지금 우리나라의 현상을 보면 출산은 급격히 줄어 인구절벽이다.

초고령사회로 진입하고 있다.

영아 출산과 노인 사망이 불균형이다. 그 갭을 어떻게 해결할 것인가?

"출산 없는 장수는 축복이 아니라 지옥이다."

■ OECD, Fertility rataes(1970-2016)

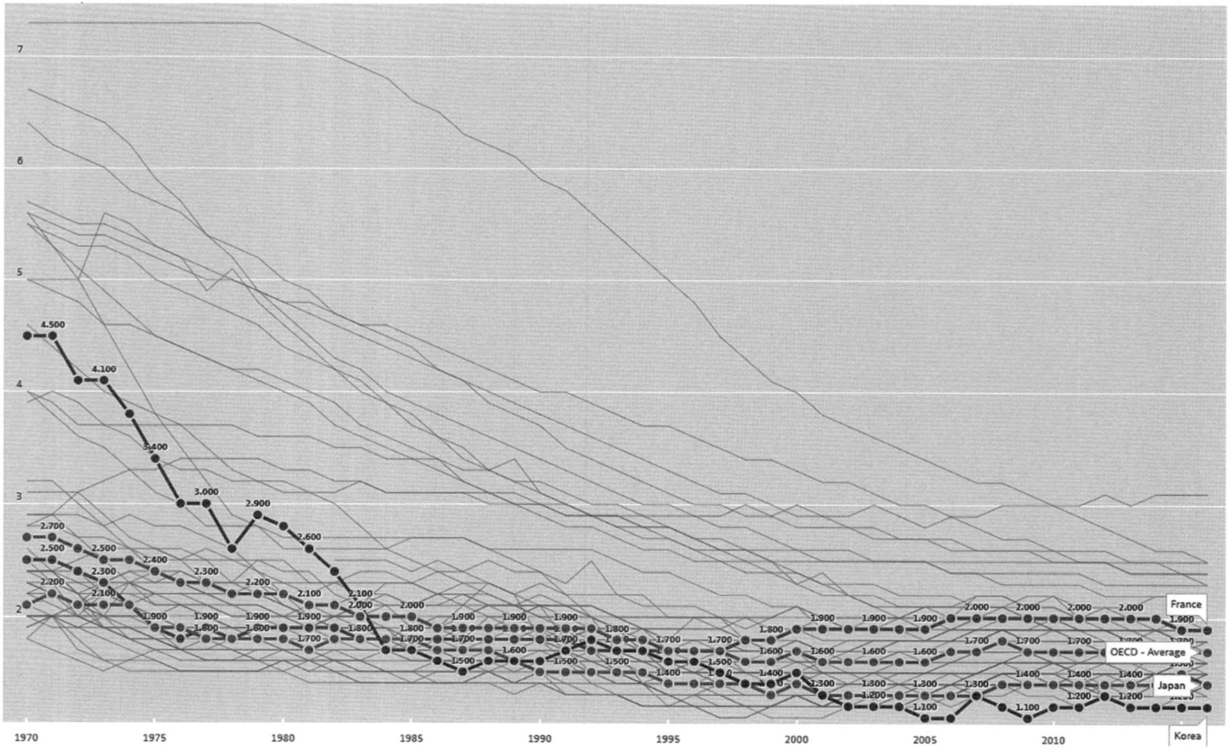

■ Elderly population (Total, % of population, 1970-2014)

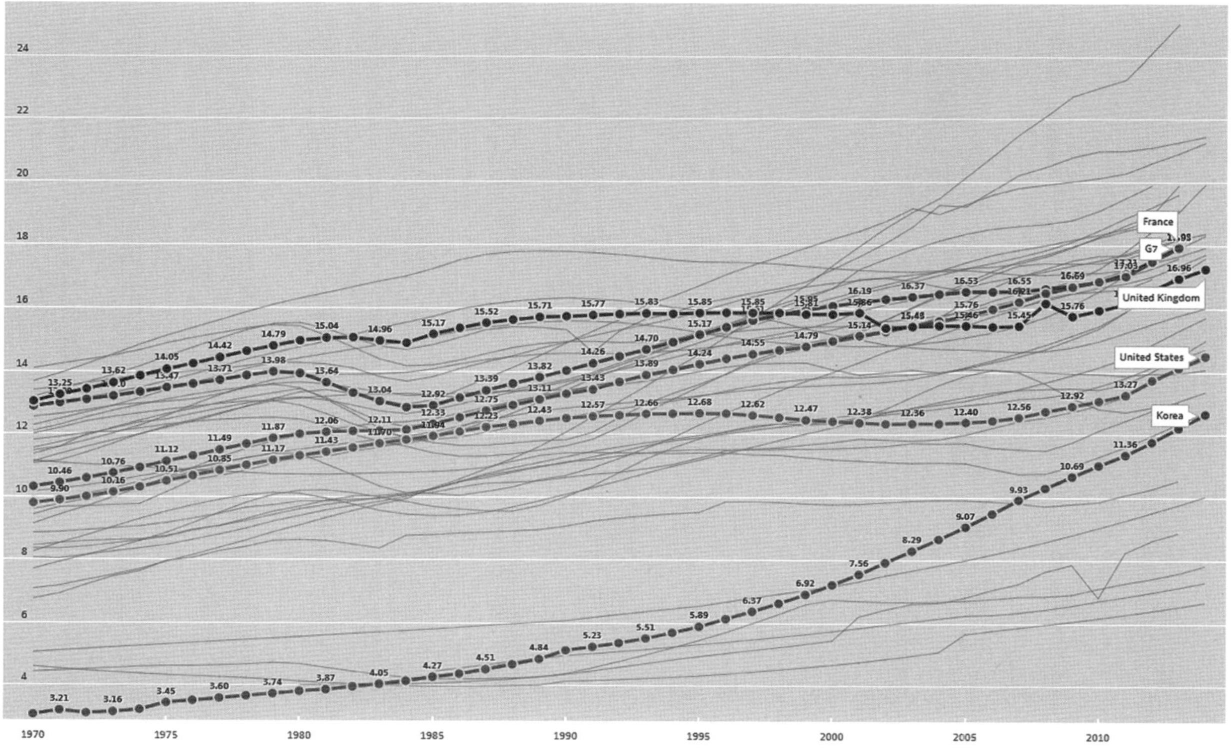

■ 통계청 인구주택 총조사(2017)

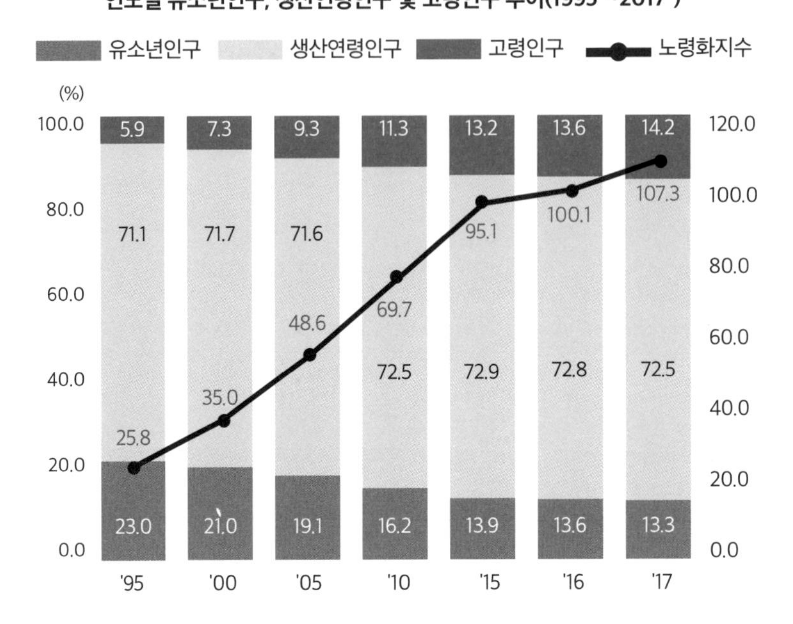

미국의 경제학자 토드 부크홀츠는 『다시, 국가를 생각하다』라는 저서의 '1장 국가가 번영할수록 출산율은 하락한다'에서 다음과 같이 주장했다.

"나는 저출산이 항상 국가를 망하게 만드는 결정적인 요인이라 말하지 않는다. 다만 출산율 하락은 경제적·정치적 번영으로부터 비롯되며, 이는 장기적인 통치를 추구하는 국가에 새로운 그리고 때로는 극복하기 힘든 도전 과제를 안겨준다는 사실을 지적하고 싶을 따름이다."[18]

국회가 예산 심의를 시작할 때가 되었다.

저출산을 해결할 실마리를 제공할 출산 축하금 40조를 확보하고 나서 나머지 예산을 수립하는 것이 어려운 일인가?

일에는 우선순위가 있다. 지금 대한민국을 경영하는 데 저출산을 해결하는 문제보다 더 중요한 일은 없다고 본다.

나라 살림을 위한 예산편성을 하는 기획경제부나 나라 살림 예산 심의를 하는 국회는 현재 우리나라가 당면한 가장 시급한 문제가 무엇인가를 먼저 논의하시고 나서 예산 심의를 해 주실 것을 부탁드린다.

은퇴한 한 사람의 요구라고 가볍게 보시지 말고 국가를 구하는 구국의 일념으로 **'출산 축하금 40조'**를 먼저 배정해 주시고 나서 나머지 예산을 심의하는 지혜를 보여 주실 것을 앙망仰望한다.

---

18 토드 부크홀츠 지음, 박세연 옮김, 『다시, 국가를 생각하다』, 21세기북스, 2017년 4월 26일 출간

7장

아이들은 국가 자산이다[19]

이 장에서는 저출산 극복 성공 사례로서 프랑스의 경우를 살펴보겠다. 프랑스는 자녀출산 및 양육은 국가 책임이라는 기본철학(1939년 가족법 제정)하에 장기적인 인구정책차원에서 강력한 출산장려정책을 추진해왔다.

프랑스 출산율 1.6명에서 10년 만에 2.02명까지 회복, 현재 EU에서 가장 높은 출산율

프랑스는 한국·일본과 비슷한 시기인 90년대 초반에 합계출산율인 1.63명을 기록하며 저출산위기를 맞았다. 이는 프랑스 국가 존립

19 이 장의 내용은 《뉴스투데이》 박혜원 기자의 2018년 3월 7일 기사 「전폭적인 '현금 지원'으로 10년 만에 저출산 극복한 프랑스」를 참고했다. 이 장에 인용된 모든 기사는 박혜원 기자의 기사이다.

의 마지노선이라고 발표했던 2.07명에서 크게 떨어지는 수치였다. 프랑스 또한 위기상황을 인식하고 적극적인 출산장려정책을 펼쳤다. 그 결과 90년대 초반부터 프랑스의 출산율은 다시 상승세를 보였으며 2010년에 2.02명의 합계출산율을 회복했다.

프랑스는 가족정책에 대한 필요성이 일찍부터 제기되어 유럽국가에서 가장 빠른 19세기에 이미 가족정책이 시작되었으며 가장 먼저 저출산 대책을 강구한 국가로서 다양한 정책을 추진하였다. 또한 프랑스에서는 국가가 보편적 형태로 자녀 보육에 대해 지원을 하고 있다.[20]

또한 가족정책을 위한 정부지출이 GDP에서 차지하는 비중이 가장 높은 국가이며, 1990년대 후반부터 다른 OECD 국가들은 출산율이 감소하고 있지만 프랑스는 꾸준히 증가하는 등 유럽국가들 중에서 가장 높은 출산율을 보이고 있다.[21]

프랑스는 "모든 아이는 국가가 키운다"는 정부의 적극적인 출산장려정책하에 출산과 양육을 개인이나 가족의 문제가

20 이순희, 「OECD 주요국의 출산장려 정책 비교 연구」, 행정학회 소논문, 2015

21 기획재정부, 「세계주요 국가 저출산 대책 평가 및 우리나라에의 적용 방안」, 2010

아닌 국가 차원의 장기 인구정책으로 추진하는 것을 기본 방향으로 직접적이고 강력한 정책 수단을 실행하고 있다.[22]

2010년 이후 프랑스는 평균 2명 이상의 안정적인 합계출산율을 기록하고 있다. 이는 최근 10년간 우리나라 정부가 저출산 예산 규모를 7배 가까이 늘렸음에도 불구하고 또다시 역대 최저 출산율을 기록한 것과는 정반대되는 결과다.
현재 EU 국가 중에서도 아일랜드와 함께 가장 높은 수준의 출산율을 보이고 있는 프랑스의 저출산 대책은 대표적인 성공사례로 꼽힌다.

직접 현금으로 지원하는 '가족수당'에 집중 … GDP의 5% 할애
한국의 가족관련 예산 GDP의 1.38% 불과, 직접지원의 액수 및 지속성 현저히 낮아

프랑스의 출산장려정책은 직접지원에 해당하는 '가족수당'에 집중되어 있다. 프랑스는 국내 총생산(GDP)의 5%를 가족수당에 투자하고 있으며 국민의 50%가 수혜대상에 포함되어 있다.
임신・출산・육아에 드는 비용의 대부분을 국가에서 지원하는 것이다.

22 임근창, 「유럽의 출산장려 정책 사례연구」, 사례연구보고서, 대한민국시도지사협의회, 2008

대표적으로 출산 과정에 불임 부부를 위한 시험관 아기 시술 4회와 인공수정 6회에 대한 비용을 국가에서 지원한다. 신생아에 대해서는 863유로(150만 원), 입양 시에는 1727유로(310만 원)를 지원한다.

또한 임신한 모든 여성에 대해 임신후 7개월째에 923유로(122만 원)를 지급하며, 자녀출산 후 한 자녀당 매월 184유로(24만원)씩 3세까지 지급한다.

이전에는 소득이 높은 계층에게는 출산지원금을 지불하지 않았으나 2004년에 지원범위를 고소득층에게도 확대한 것으로 알려졌다. 2.0명대의 출산율을 회복하여 안정권으로 들어선 시기에 오히려 지원범위를 확대한 것이다.

연소득이 1만9000유로(3400만 원) 이하의 가정이 키우는 3세 미만의 아동에 대해서는 보육비를 모두 지원한다. 연평균 소득 4만9천유로(8700만 원) 이하 가정 중에서 3세 미만의 아동이 있을 시에는 한 달에 172유로(30만 원)를 지급한다.

현재 우리나라에서 프랑스와 비슷하게 시행 중인 직접지원제도는 △만 0~5세 보육료 지원사업 △임신 · 출산 진료비 △국민연금 출산크레딧 등이 있다.

보육료 지원사업의 경우 유치원과 어린이집 등에 다니는 아동에게 연령에 따라 약 20만 원에서 40만 원을 지급한다. 임신 · 출산 진료비의 경우 임신 중이거나 출산한 의료급여 수급권자에게 1회 50만 원을 지원하는 제도다.

국민연금 출산크레딧의 경우 자녀의 수에 따라 국민연금 가입 기간을 추가해주는 제도로, 자녀가 2명일 때에는 12개월, 자녀가 3명 이상일 때에는 셋째부터 18개월을 추가한다.
액수와 지속성 면에서 모두 취약한 현황이다. 현재 한국은 가족 관련 예산에 GDP의 1.38%를 투자하고 있다. 이는 OECD 평균인 2.5%와 세계 최고 수준으로 5%인 프랑스에도 못 미치는 결과다.

프랑스와 대한민국의 2018년 GDP를 비교해 보자.[23]

프랑스의 GDP는 2,925,960로서 5.5%는 160,927.8이다. 2018년 9월 4일 환율은 1US$=1117.5원이므로 우리 돈으로 약 179조 8400억 원이다. 한편 대한민국의 GDP는 1,693,246로서 5.5%는 93,128.5이다. 2018년 9월 4일 환율은 1US$=1117.5원이므로 우리 돈으로 약 104조 711억 원이다.

그리고 2018년 대한민국 국가 예산은 428.8조 원이다.[24]

그러면 우리나라는 저출산 문제를 해결하기 위해서 약 104조 711억 원을 투자해야 한다. 현실적인 어려움을 감안

---

23 프랑스와 대한민국의 GDP 단위는 100만 US$이다.

24 출처: 2018년 기획재정부 나라살림 예산 개요 최종본

한다고 하자.

그래서 신생아 출산을 위한 30조에 10조를 더하여 40조로 상행하여 줄 것을 건의한다고 앞에서 이야기했다. 기출산 가족에게 축하금을 주어야 하기 때문이다.

부모가 아이를 낳아 돌보면서 기르고 시간이 흘러 부모가 늙으면 자식이 봉양하는 것을 천륜이라고 한다. 그런데 아이를 낳지 않겠다는 것은 훗날 자신을 보살펴줄 든든한 울타리를 자기 스스로 허무는 격이니 그때 가서 후회한들 이미 늦을 것이다. 천륜을 무시하면 안 된다. 서문에서도 밝혔지만 이와 같은 주장을 하는 이유는 후손에게는 조상에 대한 의무가 있기 때문이다. 즉 자손을 낳아 번성시키는 의무 말이다.

2006년엔 가족법 폐지, 총 신생아의 60%에 달하는 미혼모 및 한부모 가정 자녀에게도 동일한 혜택
한국에선 97%의 미혼모가 출산휴가, 육아휴직 받지 못해

한편 프랑스는 출산장려 정책을 동거 · 장애 · 한부모 · 미혼모 가정에 모두 동일하게 적용하고 있다.

실제로 자료에 따르면 프랑스에서 매년 출산되는 아이들 중 60%가 미혼 커플의 자녀인 것으로 나타났다.
이는 사회적 인식의 변화에서부터 기인한 것으로 보인다. 2006년에 프랑스는 혼인한 부부의 출산과 혼외 출산을 구분하는 '가족법' 규정을 폐지하는 등 모든 경우의 수에서 태어나는 아이들이 편견 없이 지원받을 수 있도록 노력해왔다.

프랑스의 출산장려정책 슬로건으로 이 장을 마무리하고자 한다.

"모든 아이는 국가가 키운다."

8장

국내 기업들의 저출산 해법 사례

- H사의 사례를 중심으로

내가 일생을 보냈던 회사를 퇴사한 지도 벌써 10년이 가까워 온다. 나에게는 아들이 둘 있다. 중학교 때부터 대학 등록금까지 내가 내 본 적이 없다. 어떻게 그럴 수 있었을까? 우리 회사에는 사내 장학금제도가 있어, 두 자녀의 등록금(의과대학인 경우는 6년)을 걱정하지 않는다. 전 직원 누구나 해당된다. 중학교부터 대학졸업까지 전액 장학금을 회사가 지급한다.

여성들이 근무하기 좋은 회사 만들기 작전도 폈었다. 오늘 현재의 H사의 제도를 알고 싶어 인력관리담당 부사장에게 연락하여 나의 취지를 설명드렸더니 자료를 보내 주었다. 보내온 H제약회사의 예를 여기에 소개한다.

- **시차출퇴근 제도**(2002. 11월~현재)
  - 임직원의 개인사정(출퇴근 스트레스 감소, 육아문제, 자기계발 시간 확보 등)에 따라 유연한 근로시간제도의 필요성을 인식하여 출·퇴근 시간을 유연하게 운영하기 위한 제도
  - Option 1~5까지 30분 단위로 희망 기간 동안 신청 및 승인받아 사용 가능

- **임산부**(예비맘) **전자파 차단 담요 제공**(2018. 4월~현재)
  - 모성보호의 일환으로 임산부(예비맘) 직원들을 위해 전자파 차단 담요를 제공

- **출산 경조금 및 경조 휴가**(1967. 3. 1 제정~현재)
  - 첫째 자녀 출산(10만 원), 둘째 자녀 출산(50만 원), 셋째 자녀 출산(100만 원) & 배우자 출산휴가

- **민간 어린이집 위탁계약 희망자 보육비 일부 지원**(2016. 11월~현재)

- 희망신청자에 한해 자녀 보육비 일부 지원 및 주차 공간 확보

- **임직원의 모성보호를 위한 시설**(2011년~현재)
  - 여성 임직원의 모성보호를 위하여 엄마방을 만들어 운영하고 있으며, 유축기와침대, 응접세트, 안마기, 냉장고 등을 구비하여 예비엄마나 워킹맘이 휴직을 취할 수 있는 엄마방을 운영하고 있음
  - 임산부를 위한 작지만 따뜻한 배려로 구내식당에 임산부 배려석을 지정하여 임산부만이 사용토록 하고 있음

- **카페테리아 제도 운영—산후 조리원 비용 지원**(2004. 1. 1 제정~현재)

- **단체 상해보험—출산 입원비 지원**(2000년 이전~현재)

- **자녀 출산 사내 공유—함께 축하 격려하는 회사 커뮤니티 장 운영**

[기타 법적인 부분]

출산전후휴가, 육아휴직, 임신기 근로시간 단축근무, 육아기 근로시간 단축근무, 재택근무, 선택적 근무시간제도, 유사산 휴가제도, 난임휴가제도, 태아검진 휴가, 배우자 출산휴가 등 법적인 제도들은 자유롭게 임직원들이 이용하고 있음

이상과 같이 H사의 사례를 살펴보았다. 그러나 이런 노력을 기울이는 기업이 H사만 있는 것은 아니다. 우리 사회에도 이런 제도를 도입하여 일하고 싶은 회사 그리고 아이들을 기르면서 커리어를 쌓을 수 있는 회사들이 점점 많아지고 있다.

몇 가지 사례를 간략히 소개하면 다음과 같다.

우선 L그룹의 사례이다.[25]

L그룹에서는 임직원들이 자칫 업무로 인해 가정에 소

---

25 이안나 기자, 「<출산율 0.97명 시대를 이기는 기업들> LG, 근로시간 단축과 '생애 주기별 지원' 등 아이디어가 빛나는 회사」, 《뉴스투데이》, 2018년 8월 24일

홀해지지 않도록 '가족친화경영'을 바탕으로 직원들의 임신·출산·육아 지원을 위해 계열사별로 다양한 제도를 도입해 운영하고 있다고 한다. 그래서 전국 28곳 어린이집에서 1300여 명의 어린이를 돌보고 있으며, 육아휴직이나 근로시간 단축제도 등을 실시한다고 한다. 또한 임직원의 삶 전반에 대한 '생애주기별 지원'의 일환으로 결혼·임신·출산기 '행복한 2세 만들기' 및 '예비부모교실' 등을 운용하고 자녀 성장기에는 맞춤형 교육프로그램을 마련해 단계적으로 실시한다고도 한다.

그다음으로는 S그룹의 사례이다.[26]

S그룹에서는 임직원들의 출산과 육아에 대한 부담을 덜어주기 위해 고용뿐 아니라 복지제도와 시설 확충에도 노력을 기울이고 있으며, 일·가정 양립 지원을 위해 직장어린이집도 꾸준히 늘리는 추세라고 한다. 또한 '초등 입학자녀 돌봄휴직' 제도 등을 신설하며 출산·육아 장려책을 강화함으로써 상당수의 워킹맘들이 자녀의 초등학교 입학 시기에 퇴직을 고민하는 현실에서 경력단절을 줄이는 데 효과를 보고

---

26 이안나 기자, 「<출산율 0.97명 시대를 이기는 기업들> SK, 선진화된 출산 · 육아지원 정책으로 '양성평등기업' 도약」 《뉴스투데이》, 2018년 8월 24일

있다고 한다. 또한 불임 및 난임 치료에 대한 의료비 지원, 난임 휴직제도, 육아휴직 2년 사용 등을 실시하고 있으며, 유연근무제와 초과근무 제로제, 패밀리 데이처럼 직원들이 일과 가정을 모두 챙길 수 있는 제도도 마련했다고 한다.

마지막으로 한 가지 사례만 더 살펴보기로 하자. H그룹의 사례이다.[27]

먼저 H그룹은 임신을 하게 되면 근로시간을 단축시켜줘 과도한 업무로 몸에 무리가 가지 않도록 근무환경을 만들어주고, 3개월의 출산휴가, 1년의 육아휴직, 최대 90일의 유·사산 휴가를 사용하도록 해준다고 한다. 또한 출산을 하게 되면 지원금을 지급하고 출산을 한 여성 직원에게는 1일 120분의 수유시간을 부여해 일로 인해 모유수유하기 힘든 여성 직원들을 배려하고 있다고 한다. 뿐만 아니라 전업주부였거나 임신, 출산, 육아 등의 이유로 경력이 단절된 여성 일자리 확대를 위해 사회적 기업 '안심생활'과 신규 사업도 추진해 여성 일자리 300개를 추가로 창출할 계획이라고 한다.

---

27 강소슬 기자, 「<출산율 0.97명 시대를 이기는 기업들> 현대차그룹, 출산 · 육아 '복지제도'에다 '경단녀' 고용도」 《뉴스투데이》, 2018년 8월 27일

지금까지 H사의 사례를 중심으로 저출신 시대를 이기는 기업들의 사례 몇 가지를 간략하게 살펴보았다. 사실 저출산을 극복하기 위해 노력하는 기업들의 사례가 이것만 있는 것은 아니다. 훨씬 많은 수의 기업들이 저출산 시대를 이기기 위해 다양한 제도를 운영 중이며, 그 수는 앞으로 더욱더 늘어날 것으로 예상된다.

9장

판을 바꾸자

아래 인구피라미드를 보면서 무슨 생각들이 드는가?

인구 피라미드, 1965-2065년

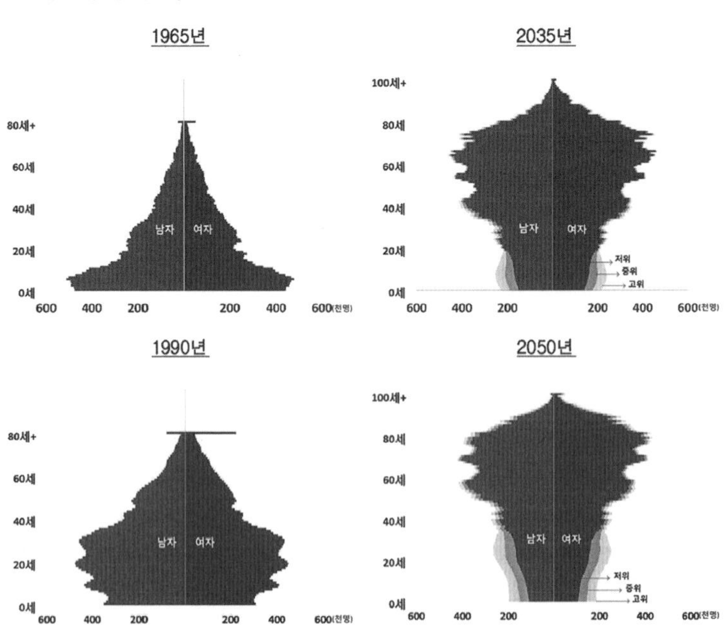

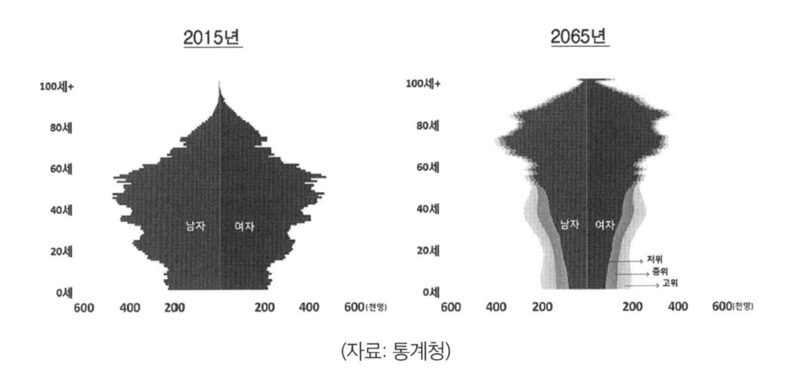

(자료: 통계청)

한마디로 대한민국이 노인국가가 되고 있다. 100년 만에 젊은 국가가 늙은 국가로 변화하고 있다.

2026년은 앞으로 8년 후 우리나라의 현실이다. 그리고 39년 후 2065년이 되면 젊은이 한 명이 몇 명을 부양해야 할까?

그렇다면 우리는 이대로 앉아서 당하고만 있을 것인가 아니면 지금부터 대책을 세워 이 그림을 바꾸어 볼 것인가를 생각해야 한다.

나는 인간의 행동을 변하게 하려면 무엇을 어떻게 하여야 하는가를 연구하는 심리학자는 아니다. 그러나 오랫동안 직원들을 통솔했던 경험으로 인해 강력한 유인책이 무엇인지는 알고 있다.

인센티브가 약인가 아니면 독인가 하는 논란에는 관심이 없다. 실제로 비즈니스 세계에서는 인센티브 제도를 도입하여 성과를 보고 있다. 계속 문제점만을 지적하시는 분들은 그럼 답을 제시하기 바란다. 답안을 제시하지도 못하면서, 이러쿵저러쿵하는 것은 이제 그만두었으면 한다.

앞에서 출산을 축하하기 위하여 축하금을 주자는 주장도 인센티브의 한 가지 안이다. 학자들 사이에서는 인센티브를 준다고 아이를 낳아 기를 것인가 하는 의문도 갖는데 그럼 대안을 제시해주시기를 부탁드린다.

지금 비록 우리나라가 출산절벽을 맞았지만 아이를 낳기만 하면 국가가 알아서 키워준다고 하는데도 불구하고 낳지 않고 개인의 행복을 위해 혼자 즐기다 가겠다는 사람들은 붙잡지 말자.

그런 사람들이 몇 명은 있을 수 있다. 그러나 대한민국이 태어난 아이들을 국가가 기른다는, 곧 아이를 국가 자원의 개념으로 중시하기 시작한다는 국민적 공감대가 생기면 큰 걱정을 안 해도 된다. 그래서 인센티브를 실시하자고 하는 것이다.

인센티브는 언제까지 무한정 주는 것이 아니다. 시한을 정하여 그 기간 내에 출산한 아이들에게만 적용시키는 제도이며, 그 기간은 10년이다.

내 책이 출판되고 국회에서 법을 바꾸고 실행되려면 2년은 걸릴 것이다. 따라서 축하금 인센티브안은 다음과 같이 발표될 것이다.

2021년 1월 1일부터 태어난 출생아와 그 부모들에게 출산 축하금으로 소정의 금액을 법 규정에 따라 지급하기로 한다.

축하금 수급 자격 및 기간은 다음과 같다.

2020년 1월 1일부터 2030년 12월 31일까지 출생한 출생아

우리나라 인구가 실제로 감소하기 시작하는 것은 앞으로 14년 후, 즉 2032년이기 때문이다. 출생과 사망자의 숫자가 균형을 이루게 되면 연금이나 의료보험공단의 파산을 막을 수 있다.

출산 축하금을 주는 유인책은 한계가 있다. 모집단이 그

대로 있는데, 그 모집단의 결혼 연령이 나날이 더 들어가는데 그리고 출산에는 가임기가 있는데 출산을 하지 않겠다고들 하니 나는 마음만 급하다.

어떻게 하면 더 많은 아이들을 낳도록 할 수 있을까 생각하다가 대학을 졸업하고 2~3년 정도 사회생활을 하고서 결혼을 한다면, 산모가 덜 힘들이고 출산을 할 수 있겠다는 생각은 했었다.

그런데 지난번에 오대산 스님께서 영국에서는 중학생이 어린아이를 가졌는데도 국가가 다 알아서 아이를 낳고 키운 경우도 있다고 말씀하시고, 이번에는 은퇴한 노교수님께서 만혼을 조혼으로 바꿀 수만 있다면 얼마나 좋을까 말씀하시니 절묘한 타이밍이다.

그렇다. 해보자. "안 되면 되게 하라"는 우리의 옛 구호처럼 해 보기로 결정했다.

"만혼을 조혼으로 판을 확 바꾸면 새로운 모집단이 생긴다."

일시에 출산이 가능해진다. 발상의 전환으로 새 장이 열렸다. 이제는 판을 키우는 작업만 하면 된다. 우선 아이들이 어리다는 생각이 든다. 19세면 고등학교를 막 졸업하는 나이다. 몸만 다 자랐지 사회에 나가서 혼자서 독립적으로 일할 수 있는 나이가 아니다. 일이 있어야 아이를 낳고 기를 것이 아닌가? 사회적인 분위기만 바꾸면 된다. 아이를 낳아 기를 수만 있다면 우리나라는 다시 젊은 대한민국으로 거듭 태어나는 것이 되니, 해볼 만한 가치가 있는 일이 아닌가?

연령별 인구 분포(2017)

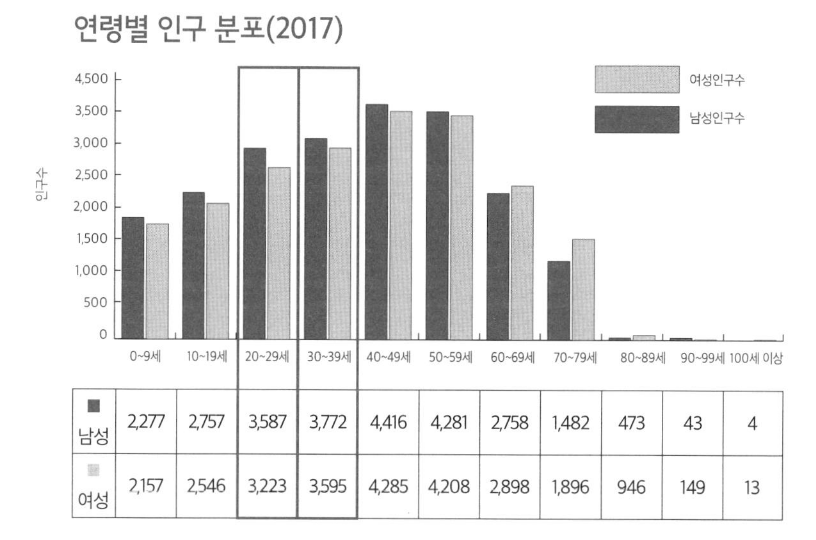

	0~9세	10~19세	20~29세	30~39세	40~49세	50~59세	60~69세	70~79세	80~89세	90~99세	100세 이상
■ 남성	2,277	2,757	3,587	3,772	4,416	4,281	2,758	1,482	473	43	4
■ 여성	2,157	2,546	3,223	3,595	4,285	4,208	2,898	1,896	946	149	13

(자료: 통계청)

그렇다. 판을 확 바꾸자. 불가능은 없다. "안 되면 되게 하라"의 정신으로 못 할 게 어디 있겠는가? 이들 부부는 아이를 낳으면 축하금을 받게 되어 있으니 아무 부담이 없다. 30세 미만의 젊은 남녀가 결혼을 한다면 나라에서 살 집과 살림살이 살 돈을 빌려 주면 된다. 나중에 회수하는 방법이 있다. 한판에 출산율을 뒤집을 수 있는 계획을 세우자.

10장

저출산 극복을 위한 기업과의 후원 시스템을 구축하자

나는 중단기적인 인구 목표를 "2019~2024 출생아 수를 40만 명"으로 설정하자고 했다. 그러면 법적인 성인은 몇 세부터인가? 법적인 성인의 나이는 만 19세다. 20세에서 생일이 지날 때 만 19세가 된다.

저출산을 극복하는 방안의 하나로 결혼 연령을 확 낮추는 운동을 펴면 의외로 쉽게 우리나라가 다시 젊은 국가가 될 수 있다는 것은 이론적으로 가능하다는 것을 알았다. 이론으로 알았으니 그 이론을 증명해야 한다. 그래서 다음과 같은 생각을 해 봤다.

저출산을 정상적인 출산율로 바꾸는 일을 지금 우리 정부가 해야 할 국정 최우선 과제로 선정하고 발표하자. 그리고 모든 국민이 관심을 갖도록 홍보를 시작해야 한다.

사람은 생각이 바뀌면 행동이 바뀐다. 그러니 정부는 국가 최우선 정책으로 저출산 문제를 해결할 예산을 늘려야 한다. 돈이 어디에 있냐 하는 것이 일반적인 질문이다. 결론부터 얘기하겠다. 있다.

국가 살림을 살아갈 예산이 편성되어 있는데, 이는 앞으로 1년 동안 이러저러한 일을 하여 국가가 정한 목표를 달성하겠다는 예산이다. 이 예산을 편성한 대로 각 부서가 집행하는 것이 국가이고 기업이고 가정이다. 그러나 가정은 가계부를 쓰지만 예산을 미리 편성하여 일 년 살림을 계획하는 가정들이 얼마나 될까? 당장 먹고 살 것도 없는데 예산을 짠다는 것은 사치라고 말하는 사람들에게는 더 이상 말하지 않겠다. 지금 하던 방식대로 살면 된다. 그러면 미래가 없을 것이다.

일례를 들면 신약 하나를 개발하려면 일만 개 정도 후보군에서 압축하여 결국 하나의 신제품이 탄생하는 것인데, 운이 좋으면 빨리 찾는 경우도 있고 결국 돈만 쓰고 아무 결과도 없어 결국 망하는 경우도 있다. 그러나 이와 같은 시도를 하지 않는다면 그것은 그대로 도태되겠다는 것이니 결국은 없어진다.

인구도 마찬가지다. 가장 살기가 어려운 때라면 전쟁이 있는 시기일 터인데, 베이비붐 시대는 전쟁 후에 있었다. 지금은 제2차 세계대전 후 70여 년 동안 국지전쟁은 있었지만 세계전쟁은 없었다. 그러나 세계가 악성바이러스에 걸렸다. 너무 평화로우면 염세주의, 히피 또는 허무주의가 생겨나기 마련이다 .

출산기피현상은 비단 우리나라의 문제만은 아니다. 일본과 중국에도 저출산 문제가 있고 결국 중국도 하나만 낳기 제도를 폐지했다. 그중에서 우리나라는 나라가 좁아 커뮤니케이션이 너무 잘되고 빨리빨리 문화라 전파가 잘되었나 보다. 악화는 양화를 구축한다는 그레샴의 법칙Gresham's law이 생각난다. 화폐에 적용되는 법칙이나 우리 사회 현상에서 이런 경우들을 본다.

우리의 빨리빨리 문화가 나쁜 것처럼 말하던 나라들도 한국의 발전상을 보며 빨리빨리 문화가 좋은 문화라는 평가가 나올 시대가 올 것이다. 변화에 남보다 먼저 적응하지 못하면 경쟁에서 처진다. 특히 글로벌 경제하에서는 시간이 돈이다. 누가 먼저 특허를 제출하였느냐에 따라 운명이 달라진다. 기술의 발전 속도를 못 따라가면 결국 후진국으로 밀린다. 경제 속국이 된다.

나의 선배들은 참으로 어려운 시대를 보냈다. 나는 한국동란 3년 후에 태어나 그래도 고생을 덜했고, 전쟁이나 가난 같은 역경을 겪어보지 않았다. 나의 선배들보다 단단하지 못하다. 그래도 나의 아들들 세대보다는 어려운 시대를 살았다. 그런데 나의 아들들의 세대나 그 자손들의 시대는 잘나가는 대한민국에서 자라 고생을 모른다. 그래서 어려움을 몰라서, 면역력이 약해 딩크 바이러스에 감염이 된 것은 아닌지? 그러나 지금부터라도 나라에서 홍보를 잘하면 곧 정상으로 돌아올 것으로 생각한다.

고생 끝에 낙이 온다고 했다. 고진감래苦盡甘來다. 성공한 사람들의 거의 모두가 성공하기 전에 심각한 역경과 시련을 경험했으며 이 고통스럽고 불안한 시기를 견뎌내고 이겨냈기에 성공을 거머쥘 수 있었다. 불굴의 의지로 시각장애와 청각장애를 이겨낸 미국의 작가이자 교육자 헬렌 켈러를 알 것이다. 헬렌 켈러는 "쉽고 편한 환경에선 강한 인간이 만들어지지 않는다. 시련과 고통의 경험을 통해서만 강한 영혼이 탄생하고, 통찰력이 생기고 일에 대한 영감이 떠오르며, 마침내 성공할 수 있다"고 이야기했다.

위기가 곧 기회라고 하지 않는가? 그래서 판을 확 바꾸자는 안을 도출해 내지 않았는가? 지금 우리나라는 출생과 사망 사이 불균형 때문에 일시적으로 발생한 문제이다. 따라서 인센티브는 독이지만 극약처방을 잘 쓰면 명의가 되듯이 국가 지도자들이 정책을 잘 수립하고 집행을 제대로 하면 저출산 문제는 해결될 것이다.

거기에 기업들이 젊은 부부들을 후원 또는 미리 사원으로 채용하여 젊은 인재를 확보하는 정책을 채택하여 시행하면 저출산 문제는 해결될 것이다. 이런 프로그램에 참여하는 회사들은 미래에 살아남는 강한 회사가 될 것이고 여성들이 안심하고 아이들을 낳고 키울 수 있는 환경을 조성해 주는 앞서가는 회사들이 미래의 강한 회사가 될 것이라고 확신한다.

기업의 미래는 인재 확보에 있다. 창의적인 인재가 그 기업의 핵심 자산이다. 지하자원이나 땅덩이 큰 것보다 몇 배 값진 미래의 자산이다. 발상의 전환이 필요하다. 태어나면 어린이집, 유치원, 초등학교, 중학교, 고등학교 그리고 대학에서 공부하고도 모자라 대학원 진출 그것도 모자라 취업을 위한 학원 순례, 어학연수, 스펙 쌓기를 하는 젊은이들을 보면서 나는 다른 생각을 한다.

지금은 백세시대다. 운이 좋으면, 나는 앞으로 30년을 더 살아야 한다. 지금까지 배우고 익힌 지식과 그동안 쌓은 사회를 사는 능력으로 앞으로 남은 인생을 살 수 있을까, 나는 앞으로 어떻게 살아야 보람이 있는 삶을 살 수 있을까를 생각하다 다시 공부하기로 마음먹었다.

'장수사회선도 최고전략과정'이라는 신문광고를 보고 입학하고 졸업을 하였다고 이미 기술했다. 한 장의 슬라이드가 지금 쓰고 있는 책을 쓰는 단초가 되었듯이 배움에는 끝이 없다. 내가 지금까지 배운 지식들은 거의가 쓸모가 없는 낡은 지식이 되었다. 문제는 공부는 죽는 날까지 하는 것이지 모든 지식을 배우고 나서 결혼하고 아이들 낳고 가정을 꾸미겠다는 사고방식은 이제 바꾸어야 한다는 것을 말하는 것이다.

우리 손주들에게 내가 해 줄 수 있는 가장 값진 선물은 앞으로 살아가는 방법을 가르쳐 주는 것이 아닌가? 생각하는 방법과 꿈을 꾸게 하고 싶다. 상상의 날개를 펴게 해 주고 싶다. 입시 지옥에서 구출하는 작전을 펴 볼까?

우리가 살아온 방식대로 답습시키는 것은 아닐 것이 확실한데 내가 부모가 아니니 답답하다. 이런 부모들의 생각을 바꾸게 교육 훈련을 시켜야 하는데 어디 그런 학원은 없나? 내가 차릴까!!

젊은 부부에게 말하고 싶은 것이 있다. 지금까지의 관행을 따라가지 말고 미래에 대비한 생각을 하면서 새로운 세상에는 새로운 방식의 삶이 있다는 것을, 우리 후손들을 어떻게 리드해 가는 것이 올바른 길인가를 생각해보라고 말하고 싶다. 지금 우리는 이미 4차 산업의 초입에 있다고 말했다. 우리 손주들이 살아야 할 세상은 4차 산업, 5차 산업 그 이상의 세상이 될 것이다.

최근 미래에 부상할 직업과 사라질 직업에 대한 자료들이 발표가 되는데 젊은 부부들은 관심을 갖고 아이들을 지도하고 큰 꿈을 키워주는 데 얼마나 노력을 하고 있을까?

평창 올림픽 때 앞으로 올 세상을 미리 보는 코너에 간 적이 있다. 가상현실관이다. 그리고 손녀를 데리고 함께한 추억이 가장 잘한 일이 아닐까? 손주들에게 큰 꿈을 꿀 수 있게 자유를 주고 싶다. 그러나 현실은 어떠한가? 아들며느리 눈치를 봐야 한다. 혹시나 내가 잘못 가르칠까 봐 노심초사하는 아들부부를 보면서 내 생각을 접을 때가 많다.

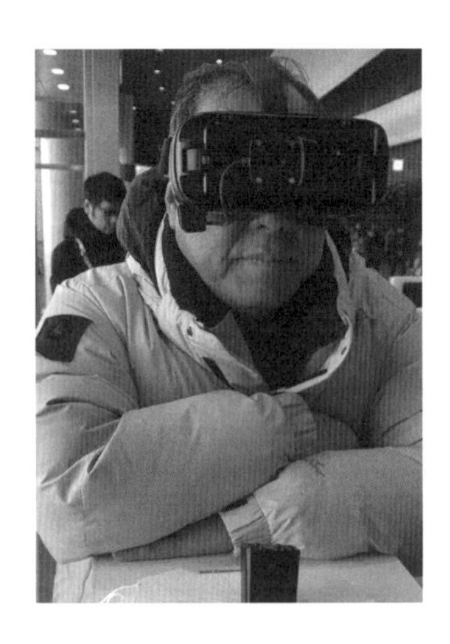

우리나라에 몇백만 개 기업들이 있다. 그중에는 세계 제일의 기업도 있고 지금은 창고에서 미래를 꿈꾸는 갓 창업한 벤처기업들도 있다. 앞으로 누가 강자인지는 아무도 모른다. 기업의 평균 수명이 20년이라고 했는데 그 후 기술의 발전 속도를 보면 아마도 더 짧아졌을 것이다.

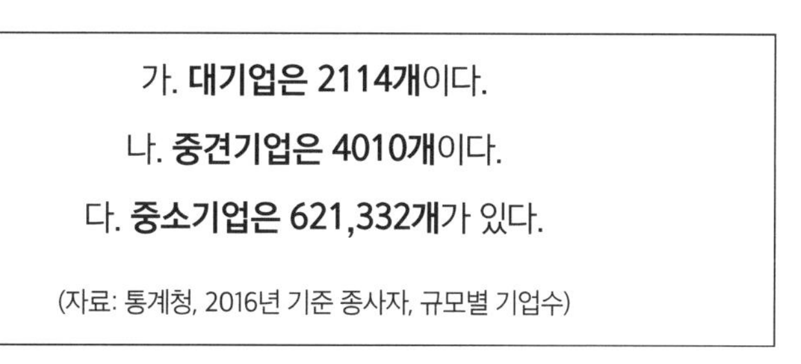

가. **대기업은 2114개**이다.

나. **중견기업은 4010개**이다.

다. **중소기업은 621,332개**가 있다.

(자료: 통계청, 2016년 기준 종사자, 규모별 기업수)

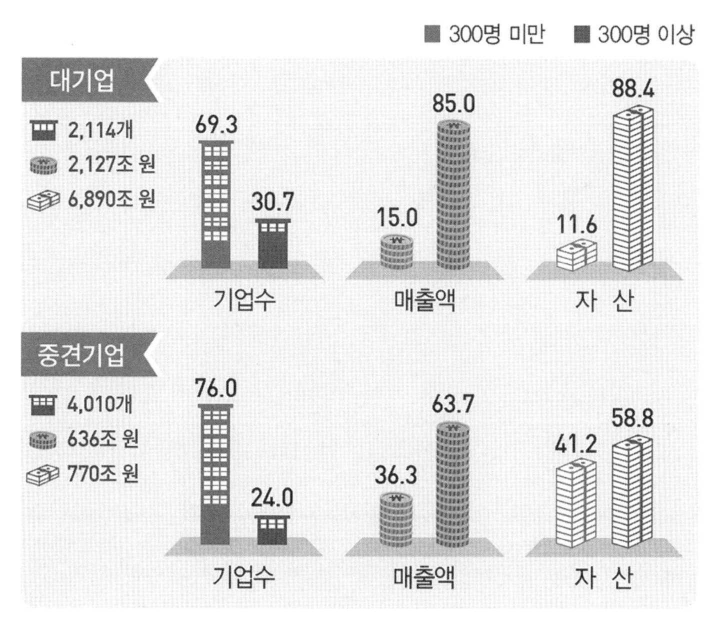

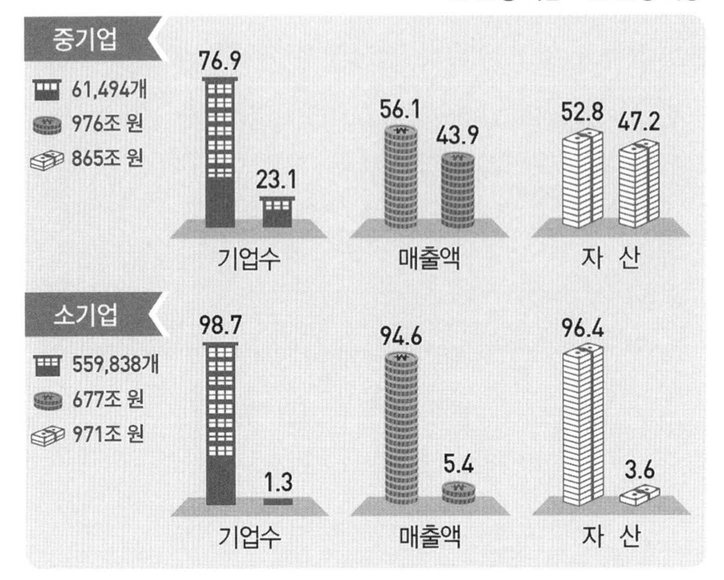

나는 얼마 전 미국, 캐나다, 멕시코, 쿠바, 페루, 아르헨티나, 브라질 등을 여행했다. 그리고 그중에서도 기억이 가장 많이 나는 것은 아마존 밀림을 여행했던 것이다. 아마존 밀림을 보기 위해 브라질 북서부 아마조나스주의 주도 마나우스Manaus에 숙소를 정했다. 마나우스는 아마존 강 유역 일대의 경제와 문화 중심지다. 나는 그곳에 삼성과 LG의 공장이 있다는 사실을 알고 뿌듯했다. 거의 모든 호텔의 TV는 삼성 아니면 LG 제품이었다. 또 놀라운 것은 우리를 안내해 주기 위해 상파울루에서 몇 시간 동안 밤 비행기를 타고 와서 안

내해 준 가이드가 원주민 언어로 대화하는 것을 보면서 우리 민족의 진취성을 봤다.

그리고 세종대왕의 위대함을 다시 생각했다. 인디오들은 언어는 있으나 글자가 없어 기록이 없다고 한다. 그리고 우리 한글이 인터넷 시대에서는 모든 언어를 다 표현할 수 있는 가장 강력한 문자라는 사실은 여러분들도 다 알 것이다.

기업의 미래는 젊은 인재다. 내가 사장으로 있을 때 나는 인재를 모셔오는 일과 좋은 인재를 골라 뽑는 일 그리고 고르고 골라 뽑은 인재들을 교육시키는 데 많은 시간과 돈을 투자했다. 아무리 좋은 인재라고 해도 새로운 기술 미래에 대비한 교육 투자만이 기업의 영생을 담보한다. 그래도 운이 없으면 역사 속으로 사라지는 것이 글로벌 경제 시대다.

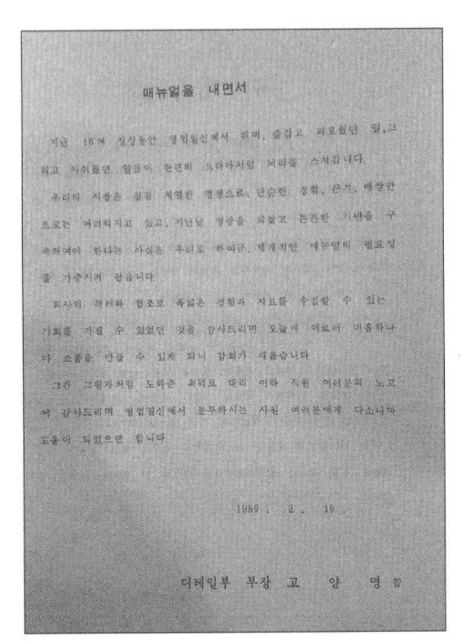

매뉴얼을 내면서

지난 16여 성상동안 영업일선에서 뛰며, 즐겁고 괴로웠던 일, 그리고 아쉬웠던 일들이 한편의 드라마처럼 머리를 스쳐갑니다.

우리의 시장은 점점 치열한 경쟁으로, 단순한 경험, 끈기, 배짱만으로는 어려워지고 있고, 지난날 영광을 되찾고 튼튼한 기반을 구축하여야 한다는 사실은 우리로 하여금, 체계적인 매뉴얼의 필요성을 가중시켜 왔습니다.

회사의 격려와 협조로 폭넓은 경험과 자료를 수집할 수 있는 기회를 가질 수 있었던 것을 감사드리며 오늘에 이르러 미흡하나마 소품을 만들 수 있게 되니 감회가 새롭습니다.

그간 그림자처럼 도와준 최덕호 대리 이하 직원 여러분의 노고에 감사드리며 영업일선에서 분투하시는 사원 여러분에게 다소나마 도움이 되었으면 합니다.

1989. 2. 10.

디테일부 부장 고 양 명 씀

나는 산업 훈련에 관심이 많았다. 그래서 디테일부장(사원 교육 훈련부장 및 일선 영업지점장을 겸무) 시 지금은 중견기업을 잘 운영하고 있는 최 사장님과 함께 야전교범field manual을 처음으로 만들었다. 일본 교본을 보고 모방한 수준의 것이었지만 당시 업계 최초로 우리가 교재로 만들었다.

그러나 30여 년간 발로 뛰면서 내가 터득했던 노하우들을 모아 출판한 책『영업의 핵심』은 다르다. 내가 직접 발로 뛰면서 터득한, 영업은 이렇게 했더니 성공하더라고 하는 나

한국경제

'영업9단' 고영명 한독약품 사장의 노하우는~

"영업의 최고기술은 입 닫고 귀 여는 것"

東亞日報

The Dong-a Ilbo

영업의 핵심은 '입'이 아니라 '귀'

의 이야기다. 책이 출판되자 한국능률협회에서 매월 진행되는 조찬 강연에 강사로 나오라 하여 가서 조찬 강연을 했다. 수많은 CEO분들 앞에서 그리고 회사들의 중요 보직자들을 대상으로 강의했던 기억들이 생생하지만, 이 모든 일들은 과거일 뿐이다.

많은 분들이 아직도 우리나라 땅덩어리가 작고 지하자원

이 없다고 한다. 나는 그렇지 않다고 생각한다. 이번 여행에서 땅덩어리가 너무 큰 것이 오히려 미래에는 발전에 장애가 될 수 있다는 것을 알았다. 땅덩어리가 크면 그에 상응하는 인구가 있어야 한다는 것이다. 인구가 곧 핵심자원이기 때문이다.

그리고 교육이 중요하다는 사실을 다시 한 번 깨닫는 기회가 되었다. 우리나라는 문맹이 거의 없지 않은가? 어찌 보면 학력 인플레이션이 있다. 지나친 교육이 오히려 실전에 도전하는 능력을 약화하는 것은 아닌가? 많이 배운 사람일수록 편한 일, 많은 보수만을 바라는 것은 아닌지?

모든 것에 균형이 잡혀야 한다. 너도 나도 모두 박사가 되겠다면 그것은 잘못된 것이다. 내가 가장 잘할 수 있는 것 하나에 정통하고 타의 추종을 불허할 때 그것은 곧 나의 경쟁력이고, 국가 경쟁력이 된다. 기후가 너무 좋아도, 그리고 먹고 살기에 불편이 없는 자원 부국들보다도, 오히려 우리처럼 사계절이 있고 추운 겨울이 있어 추위와 겨울 동안 먹고 살 것들을 준비하는 삶이 오히려 활력소가 되는 자원이라는 사실을 다시 한 번 깨달았다.

미래는 창의적인 아이디어가 자원이고 맘 놓고 먹을 수 있는 물이 석유보다 더 중요한 자원이라는 사실을 알아야 한다. 앞으로 물 부족 사태가 올 것이라는 것은 이미 알려진 사실인데 우리는 물을 너무 아껴 쓰지 않는다. 우리말에 물 쓰듯이 쓴다는 표현부터 바꾸도록 하자.

미래는 물이 가장 중요한 자원이 될 것이다. 돈을 주고 물을 사먹는 시대가 되었다. 석유보다 물 값이 비싸다고 한다. 그리고 바닷물을 담수화하는 기술은 우리나라가 세계 최고라고 들었다.

조혼은 국가를 젊게 하고 본인들에게도 좋다. 건강하고 총명한 후손을 낳으려면 한 살이라도 적은 나이에 결혼을 하고 가정을 꾸려야 한다. 우리의 사고의 틀을 바꾸는 것이 개혁이고 혁신이다. 공부를 끝내고 나서 직장을 갖고 어느 정도 결혼자금을 마련하고 나서 결혼을 한다는 공식이 일반적이다. 그러나 이런 방식은 과거방식이다.

공부는 평생 하는 것이다. 회사를 들어가려고 공부하고 스펙을 쌓고, 회사에 입사한 후에는 계속 공부하지 않는 사원들은 곧 도태된다. 회사는 회사특색에 따른 제품과 기업

문화가 있어 사실은 입사하면 수개월 동안 기업문화를 가르치는 교육훈련을 시키는 과정이 따로 있다. 잘 나가는 회사일수록 교육 훈련을 많이 시킨다. 기술의 발전이 너무 빠르기 때문에 끊임없는 교육을 시킨다. 앞서가는 사원들은 자기계발에 힘쓴다.

우리 회사에서는 맨 처음 인사하는 법부터 가르친다. 미리 대학원을 나오지 않아도 회사가 필요하다고 인정받는 사람들은 차세대 지도자로 키우기 위해 따로 공부를 시킨다. 회사에 입사하기 전에 본인들의 돈으로 공부하는 것보다 조기에 입사하여 열심히 제대로 일하는 것이 더 중요하다.

나는 회사 생활을 40년 했다. 그러나 나이 들었다 하여 만 65세에 일을 그만두었다. 아마도 나보다 더 오랫동안 회사 생활을 한 사람은 몇 안 되는 것이 현실이다. 그렇지만 앞으로 살아가야 할 세월은 너무나 길고 험하다.

지금 우리나라의 모든 제도는 50년 전 아니 그전에 있었던 사회제도들이다. 수명이 길어지고 빛의 속도로 발전하는 기술을 무시한 제도다. 시대가 변하는데 가장 변화하지 않는 것이 우리나라 교육 제도다.

좋은 대학이란 어떠한 대학인가? 어떠한 학과를 선택하는 것이 좋을까? 물론 본인의 적성에 맞게 직업을 가져야 하지만 새로운 세상에 영원한 경쟁력이 있는 직업을 생각하여야 한다. 경험자로서 말한다면, 현재 인기가 좋은 직업이라고 미래에도 그렇지는 않다는 사실을 직시하는 눈과 귀가 필요하다고 말하고 싶다.

4차 산업사회에서 부상하는 직업군을 보자. 공해방지 총괄자, 담수전환관련직, 가상현실 법률가, 국제의료코디네이터, 나노의사, 신체각부생산자, 노화방지매니저, 홈스쿨링 기획전문가, 군사로봇전문가, 유전공학 식재료전문가, 농업관련기술자, 캘리그라피스트, 3D모델러, 미디작곡가, 데이터과학자, 우주여행가이드, 디지털오케스트라 지휘자 등이라고 한다.[28]

---

28 출처: 「2016 세계경제포럼(WEF) 미래의 직업 보고서」 / 최정원 지음, 『청소년이 꼭 알아야 할 2030 뜨는 직업 지는 직업』, 동아엠앤비, 2018

4차 산업
진로체험
체험내용 VR 체험 / 자율 주행 체험 / 3D 펜 체험
장소 좋은 공연 안내 센터 지하 1층 세미나실

3D프린팅전문가
3D아이템즈
진로직업
박람회

반면에 사라지거나 성격이 변할 직업은 교수, 성우, 배우와 가수, 교통경찰관, 사서, 초·중등학교 선생님, 건설현장 노동자, 은행원, 동시통역사, 비행기승무원, 택시 및 버스기사, 영양사, 체스기사, 바둑기사, 프로게이머, 귀금속가공사 등이라고 한다.[29]

그리고 여전히 존속할 직업은 한의사, 작가, 화가, 작곡가, 요리사, 지휘자, 연주자, 형사 등이라고 한다.[30]

내가 여러분들에게 하고 싶은 말은 공부하라는 것이다. 공부하라는 것이 공부하여 유명한 교수가 되거나 좋은 직장을 가지도록 하라는 것이 아니라 세상이 어떻게 변하는지 미래를 예측하여 대비하라는 것이다. 그리고 고전을 함께 공부하자고 제안한다. 고전에서 가장 유명한 성경과 불경, 논어, 코란 등 경전을 공부하자는 것이다. 맹신하라는 것이 아니라 그 속에 지혜가 있다는 것을 조금씩 배우고 있어서 함께하면 좋을 것 같아 권한다.

---

29 출처: 「2016 세계경제포럼(WEF) 미래의 직업 보고서」 / 최정원 지음, 『청소년이 꼭 알아야 할 2030 뜨는 직업 지는 직업』, 동아엠앤비, 2018

30 출처: 「2016 세계경제포럼(WEF) 미래의 직업 보고서」 / 최정원 지음, 『청소년이 꼭 알아야 할 2030 뜨는 직업 지는 직업』, 동아엠앤비, 2018

공부하라고 하니 학교나 학원을 생각할 것이다. 학교는 산업사회의 모델이다. 지금은 지식정보화사회를 넘어 4차 산업사회다. 미래의 세계는 집합의 사회가 아니라 분산의 사회이니 집에서 아니 온라인상에서 얼마든지 적은 돈으로 공부하고 미래에 대비할 수 있고 좋은 투자처에 투자하여 수익을 올릴 수 있다.

그러나 간과하지 말아야 할 것이 있다. 기업이나 가계가 영속하기 위해서는 신제품이 필요하다. 혁신적인 신제품만이 기업의 미래 그리고 나의 미래를 담보해 줄 수 있다는 사실을 알았으면 한다. 인간 사회에서 기업의 신제품에 해당하는 존재들이 아이들이다. 젊어서 고생을 하더라도 미래의 나를 돌보아줄 그리고 인간 사회가 지속되도록 해줄 아이들을 많이 낳는, 미래에 투자하는 젊은 부부들을 나는 똑똑한smart 세대라고 생각한다.

젊은 나이에 결혼하면 더 똑똑하고 건강한 2세를 낳을 수 있다. 똑똑한 기업들은 이런 인재들의 후원자가 되는 데 주저하지 않는 기업이다. 장담하건데 앞으로는 '젊은 인재들을 후원하는 기업'이라는 광고 카피가 기업의 가치를 높일 것이다.

젊은이들이여! 공부는 평생 밥 먹듯이 하는 것이지 대학을 졸업한다고 공부가 끝나는 것이 아니라는 사실을 알았으면 한다. 중요한 것은 안정된 가정을 꾸미고 2세를 보고 기르는 행복을 아는 자가 똑똑한 인재라는 것이다. 앞으로 좋은 기업에서는 그런 사람들을 최우선적으로 채용할 것이고 후원할 것이다.

젊은 부부들이여, 생각해 보라. 마지막으로 이번 여행 중에 배운 값진 한마디를 소개한다. "자유는 공짜가 아니다 Freedom is not free." 자유에는 두 가지 종류가 있다는 사실을 배우고 왔다. 우리말에서는 '자유' 하나의 표현이지만 영어로는 liberty와 freedom 두 가지가 있다는 것을 배우고 왔다. 설명을 안 할 터이니 찾아보시기 바란다.

11장

인구청을 신설하자

인구피라미드 도표를 다시 한 번 자세히 보자.

인구 피라미드, 1965-2065년

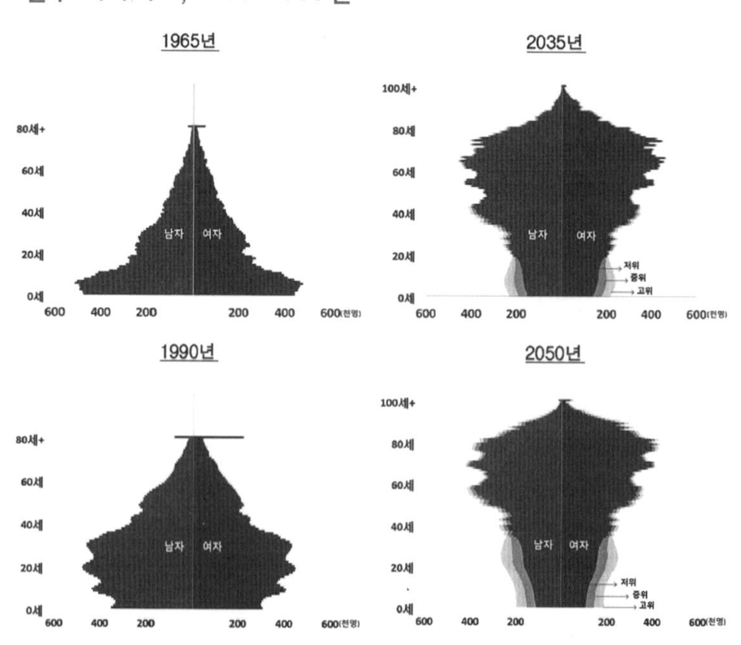

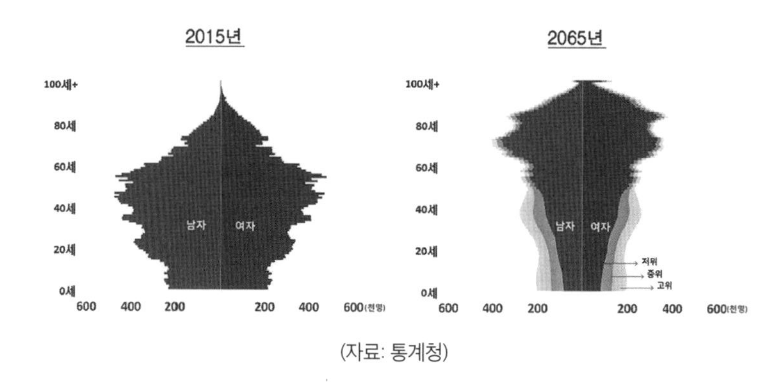

(자료: 통계청)

1. 1965년에는 대부분의 인구가 40세 이하에 몰려 있다. 이는 40세를 넘겨 사는 사람이 별로 없다는 의미다. 1965년 우리나라 평균 수명은 45세였다. 따라서 이때는 후진국형 출산 국가였다. 많이 낳고 많이 죽었다. 그 후 우수한 항생제가 개발되고 위생상태가 좋아져 사망률은 급격히 떨어지고 오래 살기 시작했다.

2. 2015년까지 인구가 절대적으로 많다. 그러나 60세에서 100세까지의 인구도 적지 않음을 알 수 있다. 노인 인구가 654만 명이다.

고령인구, 1965-2065년

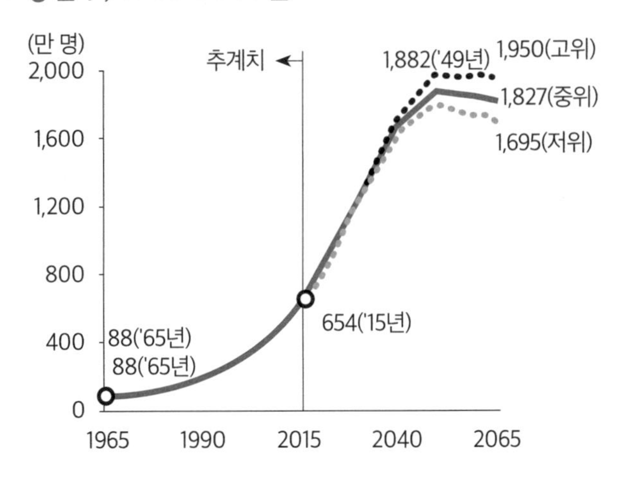

고령인구 연령구조, 2015-2065년 (중위)

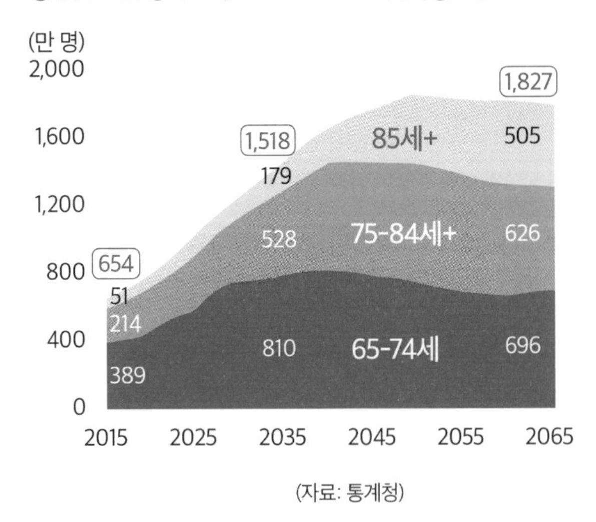

(자료: 통계청)

우리나라는 2000년 전 국민 개皆보험이 실시되었다. 평균 수명은 점점 더 길어지고 신생아 출산은 급격히 감소하는 현상 때문에 출산율이 더욱 떨어지면서 나라의 안보가 심각히 위협받고 있다. 국가에서도 10여 년 전부터 문제의 심각성을 알고 준비를 해왔지만 아직까지는 국민들이 피부로 느끼지 못하고 있다.

3. 2035년을 보자. 앞으로 17년 후 대한민국의 인구분포는 60세 이상이 전체의 28.7%를 차지하고 있다.

연령계층별 인구 구성비, 1965-2065년(중위)

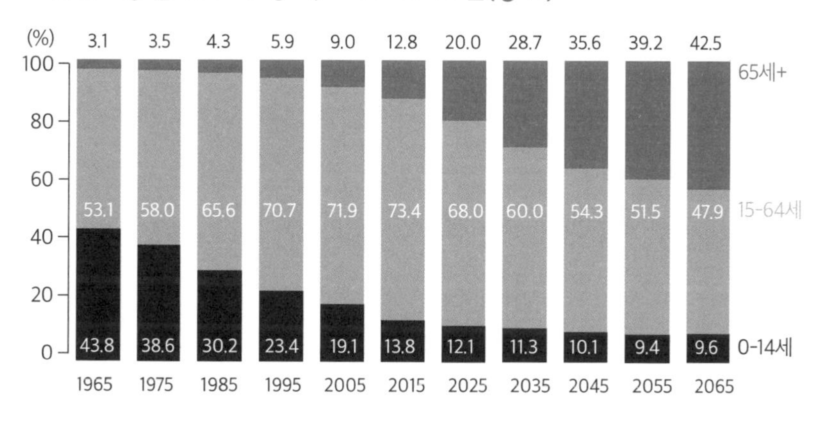

(자료: 통계청)

4. 2065년의 그림은 어떠한가? 절반이 넘는 인구가 60세 이상이라는 것을 쉽게 알 수 있을 것이다.

서문에서 2026년이 되면 젊은 사람 한 명이 노인 한 명을 부양해야 한다고 했다. 지금처럼 출산율이 급격히 떨어지면 2026년보다 빨리 노령화가 가속화할 것으로 전망한다.

2017년 결혼 평균 연령이 남자 32세, 여자 30.4세라고 한다. 임신에는 가임기가 있다. 여성의 가임기는 젊을수록 아이를 낳기가 수월한데 나이가 들어서 결혼을 하게 되면 임신할 수 있는 확률이 낮아진다. 그래서 하루라도 빨리 발상의 전환을 통해 판을 바꾸는 것이 중요하다.

그런데 아직 우리나라 정부조직도를 보면 인구만을 다루는 부서가 따로 없다. 정부조직도 시대의 흐름을 간파하고 미래를 준비하는 유연성이 필요하다. 대체로 정부조직은 경직되어 있다. 기업은 생존을 위해 유연한 조직을 운영한다. 변화하지 않다가는 하루아침에 사라진다. 따라서 하루하루가 피 말리는 경쟁의 연속이다. 특히 우리나라 기업은 자원은 없고 자원을 수입하고 가공하여 부가가치를 높여서 이익을 창출하는 모델로 성공한 국가다. 농업사회를 탈출하여

중화학 공업에서 기반을 잡고 지식 정보화 사회에서 꽃을 피운 국가가 대한민국이 아닌가 생각한다. 그러나 과거에 성공하였다고 미래를 보장하지는 않는다. 오히려 대기업병에 걸려 거드름을 피운다. 몸집이 커져서 움직임이 둔하다. 결재를 못 받아 기다리는 기업문화가 된다면 미래는 없다.

의사결정은 신속해야 한다. 글로벌경쟁은 정보가 생명이다. 경직된 회사나 국가는 정보의 흐름이 늦고 의사결정이 늦다는 것은 글로벌경쟁에서 진다는 것이다. 지금의 전쟁은 총·칼·핵을 갖고서 싸움하는 전쟁이 아니라 무역을 통한 혁신제품에서 이익을 취하고 레드오션이 되면 빨리 변신해야 살아남는다. 그래서 우리나라의 빨리빨리 정신문화는 21세기에서는 장점으로 작용할 것이다.

또한 계절마다 상이한 기후변화 및 자원부족에 따른 악조건은 오히려 우리의 정신 에너지의 원천이 되었다. 사계절이 있어 분기마다 다음 분기 및 계절변화에 대한 준비를 해야 하니 부지런하지 않을 수 없으며, 더워 죽고 추워 죽지 않으려니 행동을 빨리빨리 할 수밖에 없다. 즉, 살아남기 위한 몸부림이다.

거드름을 피워서는 생존할 수 없는 것이다. 간혹 보도를 통해 한가하게 풍류나 즐기고 조금 돈 벌었다고 과시 또는 으스대는 재벌 2세 또는 3세들이 국민으로부터 지탄받는 것을 많이 보았지 않은가? 국민이 무섭다는 것을 알아야 한다.

정부도 조금만 잘못해도 4년 후에는 국민들이 정확히 결정을 내주는 것을 보지 않았는가? 정직해야 하고 부정한 행위를 하면 반드시 망한다는 사실을 조금씩 인정하게 될 것이다. 그렇게 될 때 우리나라는 선진국이 될 것이다.

가장 중요한 인구를 전문적으로 다루는 인구청이 없다는 것은 지금까지 우리가 인구가 많은 것이 나쁜 것이라는 잘못된 인식에 사로잡혀 있다는 것을 보여준다. 마케팅에서 파이를 키우려면 시장을 잘게 쪼개면 더 커진다는 이론이 있다. 시장세분화와 목표고객 선정segmentation and targeting이다.

저출산을 해결하려면 저출산만을 다루는 정부조직이 있어야 한다. 그리고 저출산 문제가 해결되려면 대한민국 100년, 아니 1000년을 안정적으로 인구 문제를 해결해가는 인구청의 신설이 반드시 필요하다.

프랑스는 제2차 세계대전에서 많은 사상자가 발생한 이후 인구의 부흥을 목적으로 가족 역할의 중요성이 다시 대두되었다고 한다. 또한 이러한 사회 문제에 대한 새로운 접근 방식은 경직된 법체계에 의해 이루어진 가족이 아닌 현실적으로 존재하는 실질적인 가족의 유형을 기반으로 이루어졌다.[31]

이러한 기반 위에 "모든 아이는 국가가 기른다"는 정부의 강력한 출산장려정책으로 출산과 양육의 문제를 개인과 가족의 문제로 한정하지 않고 국가적 문제로 인식하고 적극적으로 투자하고 개입하고 있다.[32]

프랑스의 인구 관련 조직으로는 대통령직속 기구인 '인구 및 가족정책고등위원회', 총리 소속기구인 '가족문제 관련 범부처간 위원회', 가족문제 관련 범부처간 위원회의 산

---

31 신윤정 · 이지혜, 「국가 사회 정책으로서 통합적인 저출산 정책 추진 방안」, 한국보건사회연구원, 2012

32 이순희, 「OECD 주요국의 출산장려 정책 비교 연구」, 행정학회 소논문, 2015

하 집행기구인 '가족문제 관련 범부처 대표단' 그리고 인구 문제 및 가족정책, 출산장려 정책 주무부처인 '노동사회연대부' 등이 있다.[33]

프랑스처럼 다양한 조직을 만들 필요까지는 없겠지만 그 성공 사례를 참고하여 출산과 양육의 문제를 국가적 문제로 인식하고 강력한 출산장려정책을 펼 정부조직은 반드시 있어야 한다. 직급도 부총리급으로 대통령께 직접 보고하는 시스템으로 대통령이 직접 챙기면 될 것이다. 그리고 자리는 정권의 영향을 받지 않고 오로지 인구 문제만을 다루는 무보수 명예직이면 좋을 것이다.

축하금은 아이들을 낳는 부모에게 매월 아이를 양육하도록 지급되므로 젊은 부부들은 안정적으로 아이를 키울 수 있을 것이다. 그리고 안정적인 가정들이 늘어 갈수록 안정적인 사회가 될 것이다. 따라서 인구 증가만을 전문적으로 연구하고 출산 가정들을 챙기는 인구청의 신설은 반드시 필요하다.

---

33 임근창, 「유럽의 출산장려 정책 사례연구」, 사례연구보고서, 대한민국시도지사협의회, 2008

프랑스의 사례에서 보듯이 GDP의 5% 정도는 우리도 점진적으로 예산을 늘려가야 할 것이다. 기획재정부에서는 예산을 편성할 때 이러한 문제점들을 감안하여 인구청 예산을 편성하고, 예산이 줄어드는 부서에서는 저출산 문제 해결보다 더 중요한 일이 없으므로 내 부서의 예산 확보보다 대승적 차원의 협조를 해야 한다. 저출산을 극복하여 젊은 대한민국이 되면, 세계는 다시 한 번 놀라게 될 것이다.

12장

저출산 문제 해결에 실패한 미리 보는 대한민국

인구 피라미드, 1965-2065년

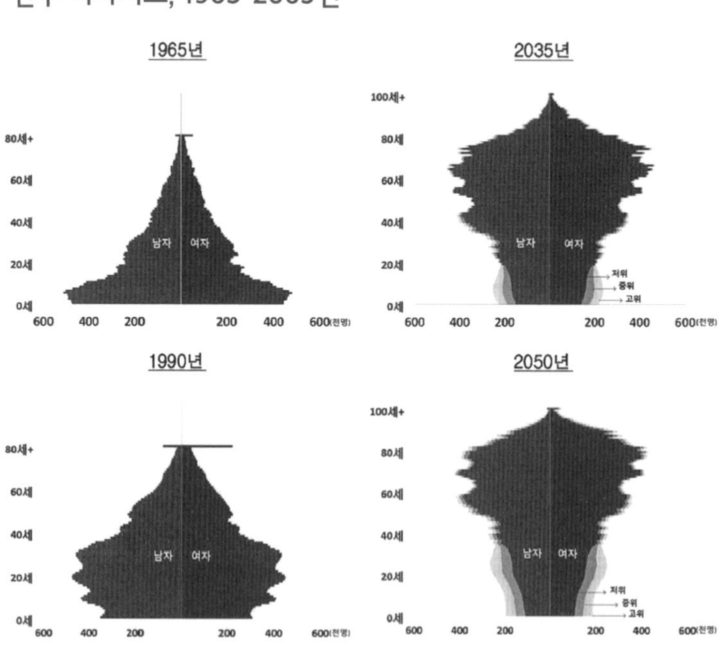

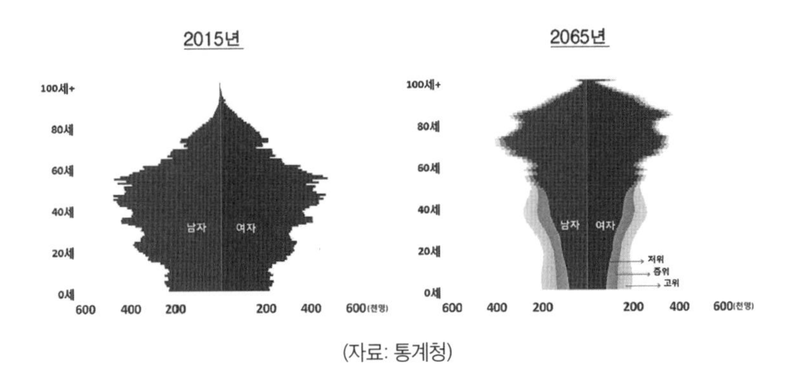

(자료: 통계청)

계속해서 언급하는 "인구피라미드 1965-2065" 도표는 보면 볼수록 우리들에게 많은 경각심을 불러일으킨다.

2026년의 대한민국은 젊은 사람(55세 미만) 한 명이 나이 든 사람(55세 이상) 한 명을 부양해야 한다고 했다. 2035년의 그림을 보자. 그리고 2050년을 보자. 2065년은 어떠한가? 1965년, 1990년 그 젊고 활기찬 대한민국이 노인국가가 되어가고 있지 않은가? 2036년은 17년 후의 우리나라의 모습이다. 내 손주가 20대 중반이 될 때다. 내 손주만이 아니지 않은가? 대한민국 국민 모두의 희망인 미래 우리 후손들이 맞이할 세상이 아닌가?

인구의 증감은 어느 정도 예측이 가능하다. 이미 통계청에서 이렇게 자료를 만들어 발표하고 있지만 전문가가 알아서 하겠지 한다면 이 지구상에서 인구감소로 없어질 첫 번째 국가가 될 것이라는 예측대로 될 것이다.

우리나라가 최장수 국가가 될 것이라는 예측 발표도 있다. 상상해 보자. 나는 요양병원 봉사를 다녀온 적이 있다. 침대에 힘없이 누워 있는 그분들을 보면서 나의 얼마 후의 모습이구나 하는 생각을 했다. 비단 나만이 문제가 아니라 모든 사람은 늙고 병들고 언젠가는 죽는다. 죽음은 피할 수 없지만 죽기 전까지 활동하고 맑은 의식으로 살다가 고통 없이 죽는 것이 가장 큰 행복이라고 하지 않는가!!

인구 피라미드

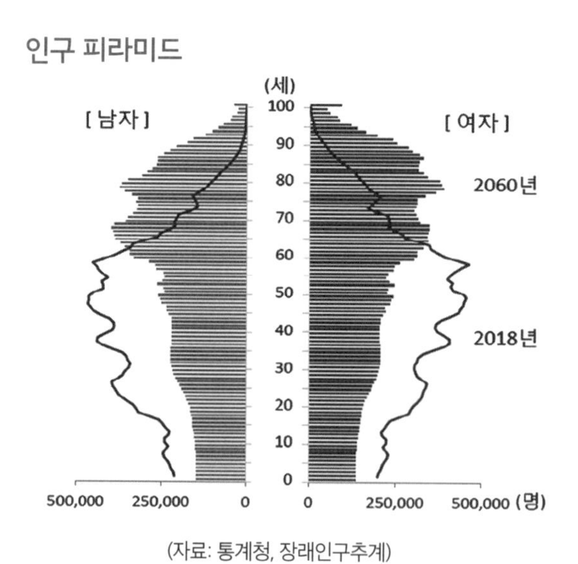

(자료: 통계청, 장래인구추계)

고령자의 연령대별 구성비

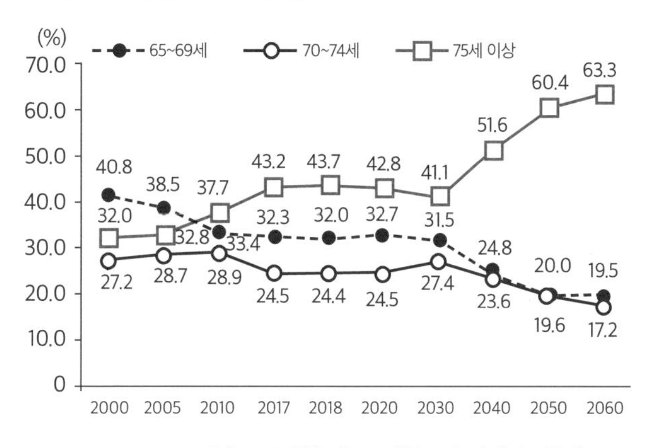

(자료: 통계청, 인구주택총조사, 장래인구추계)

후손들이 마지막 가는 부모들의 임종을 지켜보고 다시 새로운 생명들이 탄생하고 하는 것이 가장 좋을 것 같은데, 악성 바이러스에 감염되어 후손이 없는 죽음을 맞는 대한민국 국민들의 마지막 모습은 상상하기조차 싫다.

그러나 가족이 지켜보는 가운데 임종을 맞이하는 모습을 상상하면서, 나도 저랬으면 얼마나 좋을까라는 생각을 해 본다. 그러나 저출산 문제를 해결하지 못할 경우의 대한민국의 미래는 없다. 우리 모두 쓸쓸히 혼자서 외롭게 가고 말 것이다.

지금의 인구절벽 문제가 점점 더 나빠지는 추세로 가면 대한민국의 미래에 대한 희망과 약속은 더 빨리 사라질 수 있다.

곧 최장수국가 대한민국!

★ 21세기에 달성하기 어려울 것으로 추정되던 90세 수명의 한계가 2030년이면 허물어질 것

※ 2030년 평균 기대 수명: 한국여성 1위(여 90.8세, 남 84.1세) (Kontis et al. Lancet, 2017.2)

※ 프랑스, 일본, 스페인이 그 다음 순위 예측(남자는 한국-호주-스위스)

※ 효율적 감염성 질환 및 만성병 관리, 경제성장, 교육 및 사회자원 확대, 영양상태, 보건의료 접근성, 신의료기술 도입 등

★ 수명 증가는 앞으로도 지속될 것, 고령사회 대응 건강과 사회보장 계획 수립 절실

(자료: 한림의대 가정의학교실 윤종율 교수 슬라이드)

5.6. In 2014, poverty was highest among youth and children and lowest among adults and elderly

Percentage of persons living with less than 50% of median equivalised income, by age group, in 2014 (or nearest year)

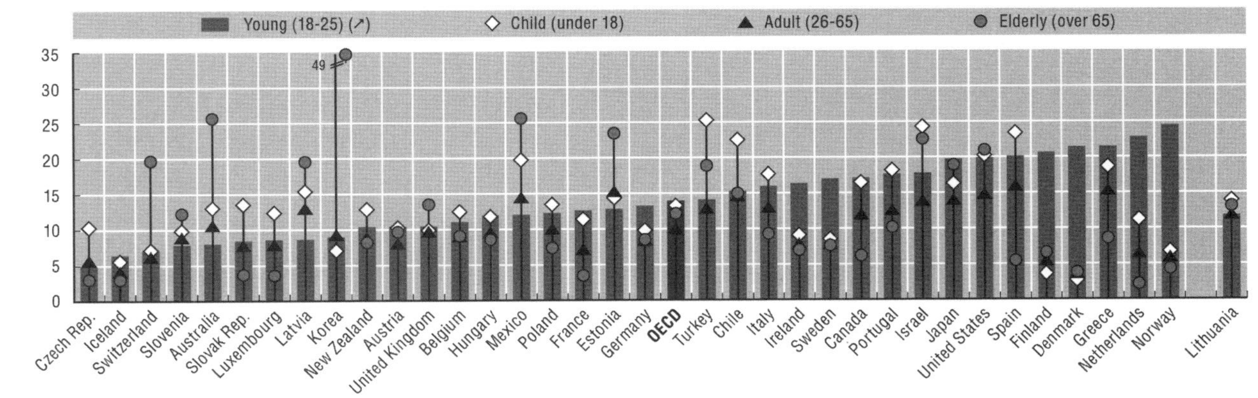

Source: Provisional data from *OECD Income Distribution Database* (http://oe.cd/idd).

■ Pension spending(Public/Korea, % of GDP, 2015 or latest avialable)

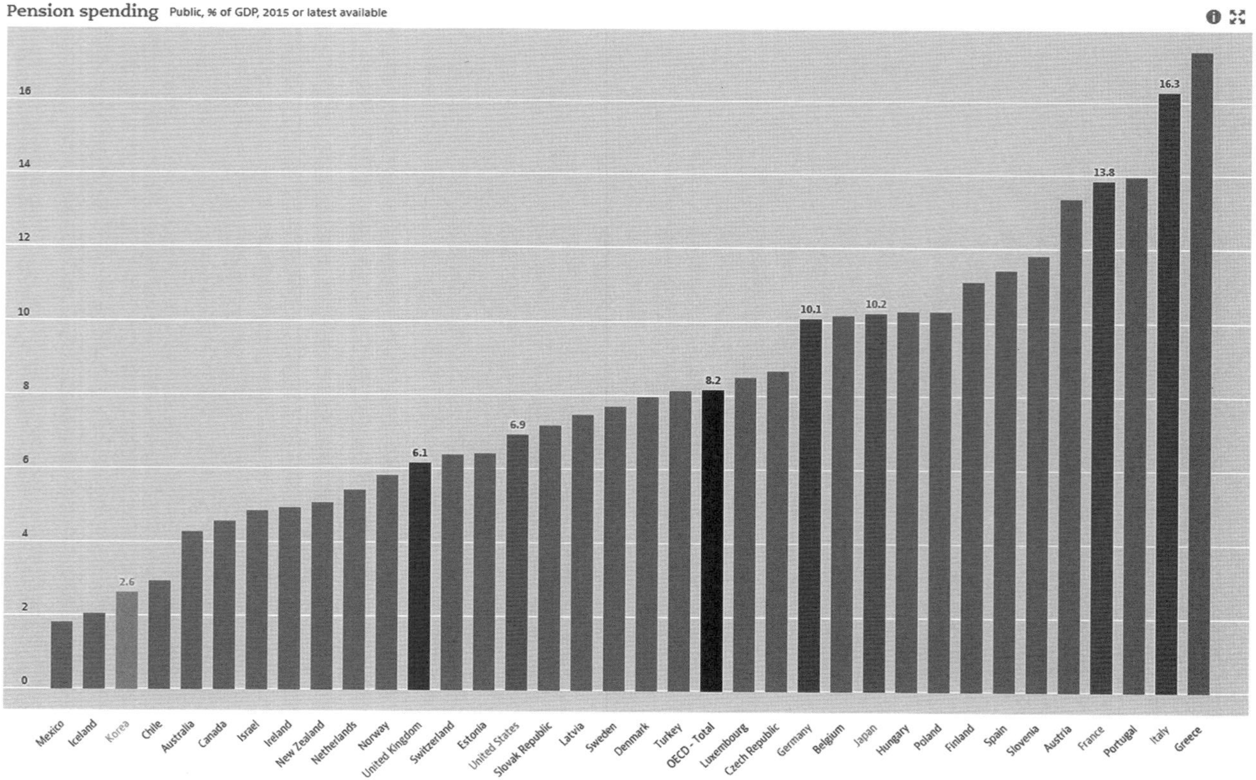

Pension spending Public, % of GDP, 2015 or latest available

16
14
12
10
8
6
4
2
0

2.6
6.1
6.9
8.2
10.1
10.2
13.8
16.3

Mexico
Iceland
Korea
Chile
Australia
Canada
Israel
Ireland
New Zealand
Netherlands
Norway
United Kingdom
Switzerland
Estonia
United States
Slovak Republic
Latvia
Sweden
Denmark
Turkey
OECD - Total
Luxembourg
Czech Republic
Germany
Belgium
Japan
Hungary
Poland
Finland
Spain
Slovenia
Austria
France
Portugal
Italy
Greece

■ Suicide rates (Total, Per 100 000 persons, 2016 or latest available)

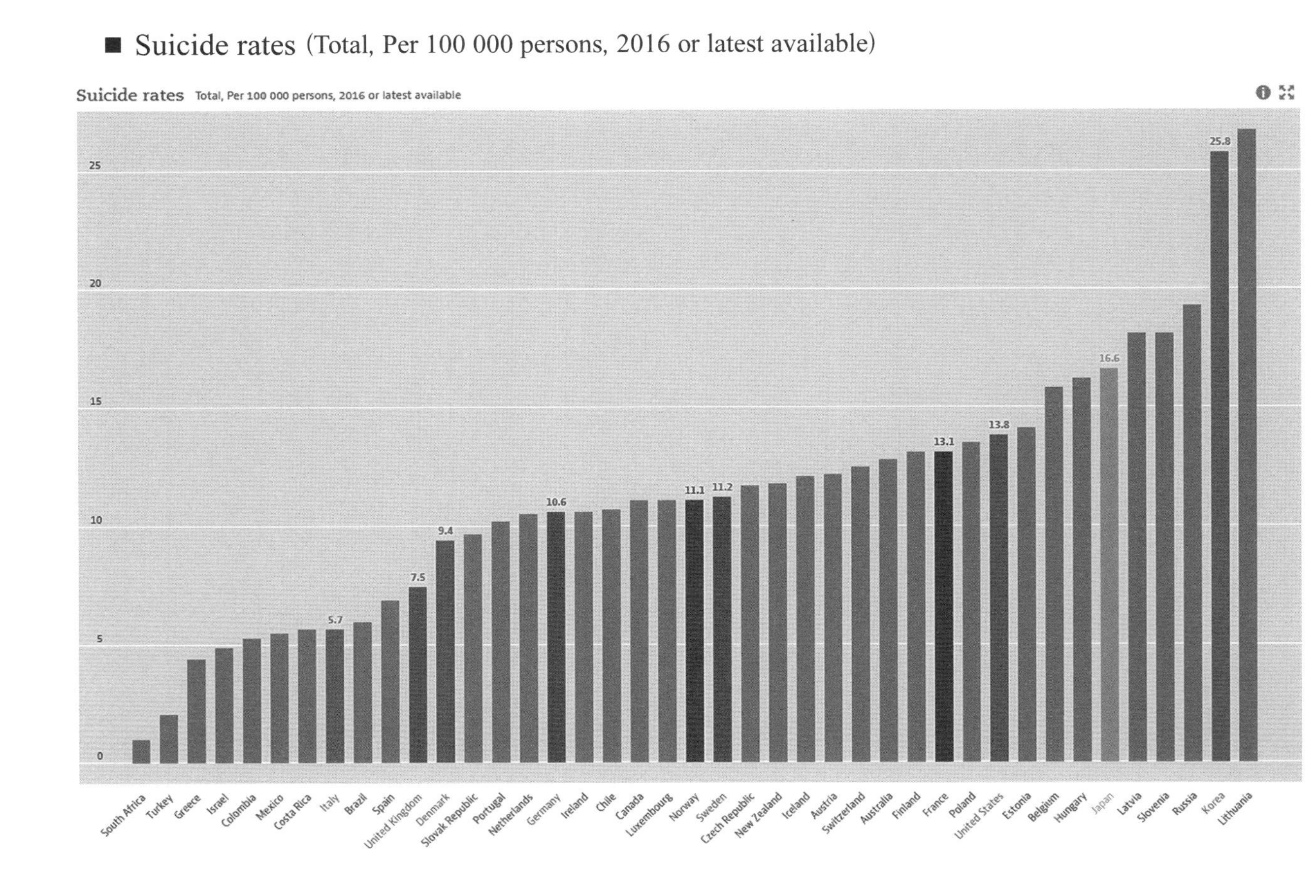

프리마케팅이다

공채 신입사원이 지점장(통상 부장급)이 되었다. 입사한 지 17년 만의 일이다. 그 당시 우리나라의 삼성이나 현대 같은 대기업들은 비슷하거나 우리 회사보다 더 빨리 부장이 되었다.

부장 다음 직급인 이사는 직장인의 꿈이다. 이사는 군인의 직급으로 보면 장군이다. 장군이 되면 병과兵科가 없다. 회사 조직도 비슷하다. 나도 17년 동안 영업부에서 잔뼈가 굵었다. 마케팅이란 생소하다.

마케팅부의 업무는 사업계획서를 만들고 전략을 수립하

고 판매촉진 안을 그리고 유통에 관한 전략을 세우는 등 사람으로 치면 머리에 해당하는 일들을 한다. 물론 미래 신제품을 위한 철저한 준비를 하고 자료를 준비한다.

그러나 나는 영업부에서만 17년을 일했기 때문에 사무실에 틀어박혀 머리를 쓰는 일을 해야 한다는 것은 상당한 인내를 요했다. 마케팅이 사람의 머리라고 한다면 영업은 사람의 다리에 해당하고 마케팅에서 만들어 준 계획대로 실천에 옮겨 회사가 만들어 놓은 전략을 수행한다. 그러니 영업과 마케팅은 2인3각으로 한데 묶여 있는 상태라고 보면 된다. 두 부서가 합심하여 서로 보완하면 좋은데 잘 못 나가는 조직에서는 서로 으르렁거리는 경우가 많다. 이유는 목표가 달성되면 서로 자기의 공이라고 하고 실패하면 책임을 미루는 인지상정人之常情 때문이다.

그래서 나는 두 부서를 모두 책임지고 있으니 두 부서가 서로 협조하도록 이끌어 가려고 했다. 요즈음 유행하는 협력collaboration이다.

마케팅 부서는 아시아·태평양 지역본부와 주로 대화하지

만 가끔 파리 본사와도 커뮤니케이션을 한다. 그러니 영어는 필수 과목인 것이다. 나는 시장판을 돌며 영어로 대화하거나 편지를 써본 적이 없다. 그러나 만국 공용어인 보디랭귀지로 모든 의사소통을 한다. 외국친구들에게 영어가 빈약하여 미안하다고 하면 오히려 내가 하는 말이 더 이해가 잘 된다고 나를 격려해 주던 그 친구들이 보고 싶다.

그래서 나도 새벽에 일어나 영어공부를 했지만, 특히 회화를 연습할 곳이 없었는데 외국인과 함께 일하니 어찌 되었건 보디랭귀지를 총동원하여 하루하루를 열심히 살았다. 한편으로는 새벽에 라디오로 BBC 영어회화를 들었다.

이사가 되니 마케팅은 다 잘 아는 사람이 되어 있었다. 사실 소규모 가게는 사장이 마케팅, 영업, 유통, 청소 등 모든 일을 혼자서 한다. 그러나 규모가 커지면 분업하여 일하는 것이 더 좋은 성과가 나니 그렇게 하는 것이다.

마케팅 부장이 사업계획서를 어떻게 작성하나를 눈동냥으로 배워나갔다. 그리고 함께 만든 사업계획서를 지참하고 아시아·태평양 책임자Asia Pacific Zone Director가 근무하는 곳으로 브리핑하기 위하여 해외 출장을 가기도 하고 우리나라로 보고를 받기 위해 출장을 오기도 한다.

한 달이 멀다고 파리 본사에서 본사 PM product manager 들이 우리 사무실을 찾고 교육하고 의견조율하고 이런 생활들의 연속이었다. 내가 외국회사에 합류하던 시절은 국가 간 교역의 시대였다. 국제화 internationalization 시대였다.

그러나 내가 세계적인 다국적 제약회사의 임원이 된 후 얼마 지나지 않아서 지구를 하나의 시장으로 보는 세계화 globalization 의 시대가 되었다. 우리의 마케팅 정책도 본사와 똑같아야 한다. 우리가 한국적 현실을 감안한 판매촉진 등을 아무리 이야기해도 통하지 않았다. 우리 관행을 고집하면 제품 발매를 하지 말라고 했다. 그래서 관행을 깨고 영업하기가 어려웠지만 우리가 선진 기법대로 밀고 가니 서서히 시장이 움직이는 것을 배웠다. 우리나라도 언젠가는 선진국이 되겠지. 지금 삼성전자는 세계 최고의 회사가 되었다.

기술이 중요한가 아니면 마케팅이 중요한가 하는 문제는 영원한 숙제이지만, 내가 마케팅을 전공한 사람이라서 하는 이야기가 아니라 언제나 혁신적인 제품이 우리에게만 주어지지는 않는다. 아무리 혁신적인 제품이라고 하더라도 소비자가 이런 좋은 제품이 있다는 것을 모르면 역사 속으로 사라진다.

내가 쓴 책은 혁신제품이다. 저출산에 대한 제안을 하고 답안지를 쓴 사람이 우리나라에 어느 누구라도 있는가? 물론 30년 전에는 인구 감소를 걱정했지만 지금은 저출산의 문제를 해결하고 잘 나가는 프랑스는 출산정책을 성공시킨 대표적인 사례인데, 우리나라 연구진들도 좀 더 세심한 접근을 하여 아이를 낳은 가정에 직접 도움이 되는 정책을 폈으면 하는 아쉬움이 남는다.

나는 40년 넘게 비즈니스 세계에서 살면서 사람들의 마음을 움직이는 방법들을 배웠다. 교수들은 논문을 쓰고 이론을 세우지만 실제 상황에서 많은 시행착오를 거쳐서 이론이 정립되는 것 아닌가? 실험실에서 합성이 성공했다고 대량 생산시설을 해 놓고 낭패한 사례들도 많다.

문제점만 지적하지 말고 대안을 제시해야 한다. 대안제시 없는 문제점 지적은 누구나 할 수 있지만 대안을 제시하고 저출산 문제를 논하자. 내 책이 출판되고 나면 많은 학자들이 반론을 제기할 것이다. 나는 오히려 환영한다.

치열한 논쟁을 통하여 국민들의 관심도를 높여야 한다. 인구절벽이 핫이슈가 되어 TV 토론을 하는 기회가 많이 있기를 희망한다.

나는 이 책을 쓰면서 어느 교수님이 이 분야의 전문가여서 조언을 듣고자 했었다. 연락을 주겠다고 문자까지 보내고 오늘까지도 아무 연락이 없다. 그래도 좋다. 다른 바쁜 일들이 많아서 그럴 것이다. 이해한다.

한 방송사에서 저출산 문제가 심각하다고 하는 방송과 함께 내보낸 자료가 잘못된 것 같아 다음 날 그 방송사로 자료가 이상하다고 메일을 보냈다. 해당 아나운서에게 자료의 출처를 알려 달라고 했는데 아직까지도 답변이 없다. 답변을 안 한 것도 좋다. 누가 자료를 잘못 전달한 것으로 이해한다. 그러나 지금은 전문가가 아니지만 계속 공부하다 보면 나도 언젠가는 전문가가 될 것이다.

마케팅적 사고가 중요하다. 기술혁신도 중요하지만 마케

팅 능력을 키워 나가야 할 것이다. 시장을 키워야 한다. 저출산 해결에 대한 공청회에서 치열한 논리 싸움을 벌여나가야 할 것이다. 국민들의 관심을 끌어야 한다. 추천사를 써주신 교수님께서 산아제한 포스터는 있는데 출산 장려 포스터를 그려 넣으면 좋을 것이라는 조언을 해 주셨다. 그리고 인터넷을 찾아보니 정말로 멋진 포스터가 많았다. 문제는 홍보전략이 너무 약했다. 아직도 저출산의 문제점을 모르는 것 같다. 인구가 폭발적으로 늘 때 산아제한을 하지 않았다면 우리나라 인구는 지금 1억 가까이 되어 강국이 되어 있을 터인데, 순간의 판단이 국가 존망을 걱정케 하는 단초가 되었다. 시장 파이를 키우는 활동이 마케팅 활동 중 가장 중요한 전략이 되어야 할 것이다,

저출산 문제에 대한 해결도 마케팅적 사고를 하여 문제를 풀어나가려 한다. 우선 내가 쓰고 있는 책은 혁신적인 제품이므로 광고·홍보전략에 치중하려 한다. 그보다 제품이 나오기 전부터 국가정책으로 채택되어 예산을 증액시키고 효과적으로 대국민을 설득시키는 일이 가장 시급하다. 국민들의 관심을 끌어 “출산? 좋은 일이다. 출산에 축하금이 있다!!” 하는 소문이 나야 한다.

나는 지난 40년 이상을 영업사원들의 마음을 읽으려 노력했고 그들과 똑같은 영업사원 출신이기 때문에 우리는 서로 통하는 무엇이 있었다. 교육 훈련부서를 책임 맡아 필드매뉴얼을 제작했으며, 10년 전에는 35년간 일선에서 직접 발로 뛰면서 터득한 비즈니스의 원칙들을 모아 "영업의 핵심" 원리들을 기술하였다.

또 나는 두 아들이 있고 손주가 있다. 책을 쓰게 된 동기 가운데 70세라고 공부할 것이 없는 것이 아니라 공부하는 재미가 쏠쏠하다는 점도 있다는 것을 알아 주셨으면 한다.

배움에는 끝이 없고 비즈니스 사회의 어른으로서 젊은 후배들에게 길을 안내해 주는 역할을 하는 것은 즐거움이다. 나를 따르는 남녀 후배사원들이 있어 즐겁게 살고 있다.

저출산 문제만을 제시하고 대안을 제시하지 않는 분들께 무엇이 두려운가 묻고 싶다. 인구통계학은 마케팅하는 마케터들이 가장 먼저 알아야 할 분야가 아닌가?

내 책은 혁신적인 제품이다. 나는 남의 책을 번역한 것도 도용하지도 않았다. 그리고 저출산을 해결할 온갖 방법들을 다 동원해서 이 문제를 반드시 풀겠다.

프로모션 전략promotion strategy 또한 남달리 하려고 한다. 나는 이미 『영업의 핵심』을 출판할 때 수많은 곳에서 강연을 했다. 이번에도 강연을 나의 핵심적인 프로모션 전략으로 할 예정이다.

내 책은 기업을 1차 목표 타깃으로 하려고 한다. 일반 독자들을 1차 목표로 하기에는 현 상황이 너무 위중하고 시간이 없다. 임신은 가임기가 있다. 우리나라 여성들의 결혼 평균연령이 31세다. 실제로 나이가 들어 결혼한 직원들이 아직까지 아이가 없어 수심에 찬 표정을 보면서 만혼을 조혼으로, 즉 판을 바꿔야 한다고 했다.

산아제한 때보다 수배 더 강력하게 홍보할 필요성이 있다. 사람은 생각이 바뀌어야 행동이 바뀌는데 결혼 연령을 낮추는 활동이야말로 범국민적 시민운동을 전개해야 한다. 이런 일련의 활동들이 프로모션 전략이다.

물론 대중광고 계획도 있다. 그러나 검토할 사항이 너무 많다. 아무리 좋은 책을 출판하여도 광고 홍보하지 않으면 사람들이 모른다. 그러므로 적극적인 광고전략으로 나가려 한다. 인터넷, SNS를 통한 홍보도 활발히 하겠다.

유통전략place strategy 또한 출판계의 관행을 쫓아가지 않겠다.

제품을 분석한 후 제품의 강점, 약점, 기호와 위협에 대한 분석을 해야 한다.

이상이 4Pproduct, promotion, price and place 전략에 대한 설명이다.

프리마케팅이란 출판이 되기 전부터 판매극대화를 하기 위한 전략인데 통상 제품이 출시되기 전부터 하는 마케팅 전략이다.

사람들이 자기가 하는 일을 비밀로 하는 경우를 많이 볼 수 있다. 내가 사는 방법은 다르다. 미리미리 나의 생각을 말하고 다른 사람들은 어떻게 생각하나를 알아본다.

사전에 고객과 오피니언리더들의 조언을 받아 더 좋은 아이디어로 만들어 간다.

잘나가는 회사들은 자기들이 연구하는 미래 제품을 사전에 공개한다. 혼자의 생각보다는 집단을 통한 아이디어를 모아 제품을 만드는 방법을 택한다.

이미 직장을 떠난 지 10년이 지났지만 옛 동료들을 이제는 나와 인생을 함께하는 친구로서, 직장 선후배로 만난다. 며칠 전에는 비서였던 직원이 지금은 영업책임자로 되었다.

판매촉진부에서 근무하던 여직원들이 저녁을 함께하자 하여 즐거운 시간을 보냈다. 그녀들은 이제 각각 다른 회사의 여성임원이 되어 있었다. 물론 결혼하고서 아이가 지금은 고등학생인 여직원도 있고 늦게 결혼해 아직은 중학교에 다니는 사람도 있었다. 또 결혼은 하였으나 아이가 없는 직원도 있고 아직까지 결혼을 하지 않은 직원도 있다.

지금에 와서 결혼을 한다고 하여도 임신하기가 어려울 것이다. 노파심이지만 지금은 젊어서 모른다 해도 그들도 나이가 들면 외로울 것이다. 물론 본인들이 잘 알아서 해결할 문제이지만 말이다. 그래도 아이는 몸으로만 낳는 것은 아니니 입양도 적극적으로 검토하라고 조언을 했다.

누구나 나이가 들면 타인의 도움을 받아야 한다. 가족들의 보살핌 속에서 행복을 찾는 삶을 권한다.

나는 운이 좋은 사람이라고 앞서 이야기했다. 그러나 사람마다 운이 있다. 사람이 운이 좋은 것은 복이 있다 하고 나라의 운이 좋은 것은 국운융성기國運隆盛期라고 한다. 내 책이 출판되고 책이 잘 팔리면 우리나라 저출산 문제가 지금 당장은 심각하지만 해결의 실마리가 잡혀간다는 징조가 아닐까?

나는 내 책이 촉매가 되어 다시 젊은 대한민국으로 전환되는 모멘텀momentum이 되었으면 한다. 그리고 이참에 아이는 몸으로만 낳는 것이 아니라 가슴으로도 낳는 것임을 배우는 기회가 되었으면 한다.

우리의 국제적인 위상이 높아지고 있는데 저출산 복병을 만났다. 그러나 걱정하지 않는다. 내가 대안을 제시했으니 다른 분들도 많은 아이디어로 대안을 제시하였으면 한다.

토론의 장들이 많이 만들어지기를 희망한다. 토론이 많아진다는 것은 관심도를 높이는 일이다. 저출산을 해결하는 핵심 포인트는 만혼을 조혼으로 바꾸어야 한다는 것이다.

새판을 짜야 건강하고 총명한 후손들이 많이 태어난다. 그리고 기업들이 미래의 인재들을 채용하고 기업에서 교육시키는 시스템으로 나라가 바뀌면 자녀 교육 때문에 아이를 못 낳겠다는 이야기는 싹 사라질 것이다.

집집마다 아이들이 우는 소리는 소음이 아니다. 곧 대한민국이 다시 젊은 국가가 되는 신호라는 것을 알아야 한다.

얼마 전 나는 미국, 캐나다, 멕시코, 쿠바, 페루, 아르헨티나, 브라질 아마존 밀림까지 여행했다. 물론 그 전에 일본도 다녀왔다. 여행을 하는 것은 즐거운 일이다. 그러나 피곤하다. 그러나 배운 것이 있다.

앞으로 우리 손주들이 살 미래는 4차, 5차 산업사회다. 이미 우리나라는 4차 산업의 초입에 있다. 그런데도 땅덩어리가 작아서, 지하자원이 없어서, 아이들 키우기가 어려워서, 집값이 비싸서 아이들을 안 낳겠다는 사람들을 보면 측은한 마음이 든다.

왜 적극적이고 긍정적으로 세상을 보지 않고 부정적으로만 생각할까?

미래는 농토가 모자라지 않는다. LED 빛을 받고 자라난 상추와 야채를 먹고 토마토를 공장에서 생산하는 시대가 이미 왔다.

지하자원을 얘기하는 사람들은 아이디어가 지하자원보다 값이 더 비싸고 물이 석유보다 비싼 현실을 너무 모르고 있지 않나 생각한다.

사람은 생각하는 대로 된다. 모든 것은 마음먹기에 달렸다고 한다. 긍정적·적극적인 사고를 할 줄 아는 사람이 미래의 인재다.

아무리 공부를 많이 하고 많이 알아도 일선 현장에서 직접 뛰어보지 않고는 지혜가 생기지 않는다.

공부를 많이 한 분들이 생각이 부정적일 때, 나는 부정적인 말보다는 긍정적인 말로 국민들에게 희망을 불어넣어 줘야 할 터인데 하는 경우가 있었다.

노인 요양시설에 힘없이 누워 있는 분들을 보면서 아이들을 많이 낳아야 한다는 생각을 했다.

아이들은 국가가 기른다. 아이들은 국가 자산이다. 따라서 정부와 국회는 입양, 1인 부모 법과 관련 제도를 빨리 정비하자.

출산만 하면 아이들은 국가가 기른다. 아이를 많이 낳는 다둥이 집들이 행복한 가정이다. 많이 낳고 행복한 노년을 보내고 후손들이 보는 가운데 임종을 하는 나라를 만들어 가야 한다.

대한민국은 아담하다. 콤팩트하다. 두 시간이면 전국 어디든 다 여행할 수 있다. 4계절이 있어 부지런하지 않으면 못 산다. 빨리빨리 문화가 미래의 경쟁력이다.

나는 금년부터 금년에 내가 할 일을 기록해 보았다. 은퇴했는데 무슨 계획이냐 하신다면 노년은 지루하고 힘든 나날이 될 것이다. 그러나 일 년 계획을 세우고 나서 얼마나 달성되었나를 봤더니 생각보다 훨씬 많은 일을 했다. 다이내

믹한 삶을 살고 있음을 보았다.

프리마케팅을 하는 것이 왜 좋은가는 아래 그래프로 설명하는 것이 좋을 것 같다.

프리마케팅 효과

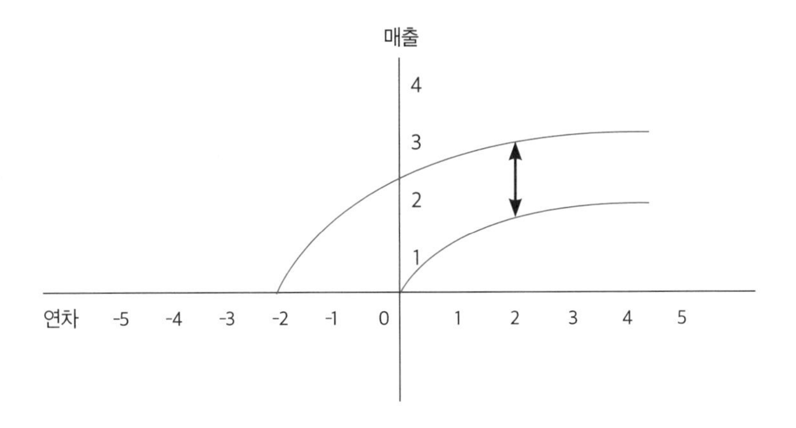

사업계획서는 이론과 비즈니스 경험 그리고 계획을 세우는 마케터의 능력에 따라 차이가 난다. 사업계획은 수많은 경제지표들, 환율, 물가, 인구 등 경기에 영향을 미치는 무수히 많은 자료들을 사전에 검토하고 또 내 제품의 일생Life Cycle을 감안하여 나의 능력에 맞는 다음 해 살림살이를 미리 예측해 놓는 것이다.

개인이나 회사 그리고 국가는 운명이 있다. 국운은 국가의 운명이고 회사의 운명은 사운이라 하며 개인의 운명은 타고난 복이라고 나는 생각한다. 제품도 마찬가지다. 누구를 만나냐에 따라서 제품의 일생이 달라진다.

제품의 일생을 생각해 보자. 발매 전부터 프리마케팅한 제품의 일생과 발매하고 나서부터 판촉활동을 한 경우를 비교해 보자. 위 도표에서 -2년부터 시작한 제품과 발매시점인 0으로부터 시작한 제품의 일생을 그려 보았다.

나는 이 자리를 빌어서 '생각의 차이가 큰 결과의 차이를 만든다'는 점을 강조하고자 한다. 10년 전 내가 쓴 책『영업의 핵심』에서 "무재팔시無財八施" 철학이 영업의 핵심이라고 말했다. 고객의 시간을 소중히 하는 영업을 말한다. 이렇게 일하면 저절로 영업이 잘 풀린다는 것이다. 무재칠시無財七施는 불경에 나오는 말이다. 참고하시기 바란다.

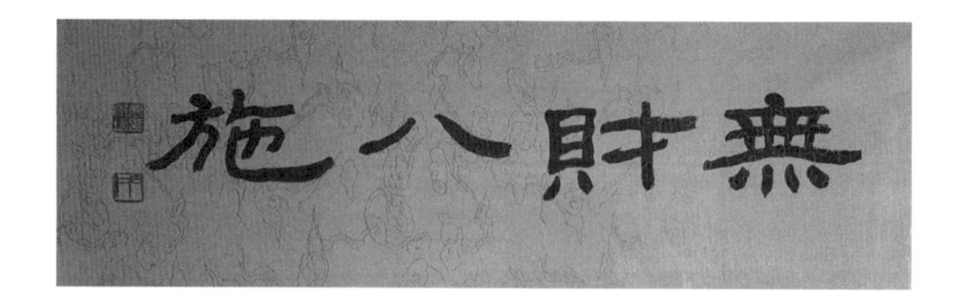

아직 출판 전이다. 그러나 나는 보건복지위원장도 만났다. 대한민국 재향군인회장도 만났다. 우리나라 현황과 대안을 설명드렸다.

책 초고草稿가 완성되어 내가 쓴 초고가 얼마나 잘 쓰였는지를 알아보기 위해 독자들에게 자료를 보내고 잘못된 점이나 개선할 점을 부탁했다.

독자의 눈높이에 맞는 글을 써야 한다. 내가 쓰는 용어가 독자층이 쓰는 말에 최대한 가깝게 다가가야 한다. 고객의 소리를 경청해야 한다. 그러려면 초고를 그들에게 보내 그들의 입맛에 맞는지, 아닌지를 사전에 알아보아야 한다. 친구에게 읽어보고 고견을 달라고 했더니 본인은 눈이 좋지 않고 또 딸이 출판계에 근무하니 딸에게 읽어보고 평을 해 달라고 했었다고 한다. 돌아온 답은 서문이 너무 길고 그간 정부가 투자한 돈의 액수가 자료마다 달라 있어 헷갈린다고 한다. 그래서 200조 한 가지로 통일하고 각주를 달았다.

국운을 얘기하니 비과학적 사고를 한다는 평이다. 처음에는 기분이 좋지 않았다. 그러나 다시 생각하니 '젊은 독자들은 그와 같은 생각을 하겠네' 하는 마음이 생겼다. 비평을 받아들이는 자세가 된 것이다. 그래서 같은 문장을 '서문'과 '들어가며'로 나누니 훨씬 좋은 글이 되었다. 또 자료를 읽어 보시고 고칠 점이나 의심되는 부분은 거침없이 의견을 달라고 했다.

많은 분들의 의심은 30조 예산을 어떻게 조달할 것이냐 하는 질문이었다. 그래서 출산축하금 조달 방안에 대하여 여기에 간단히 기술하겠다.

국가 예산편성표를 보면 일 년을 어떻게 살겠다고 예산표가 짜여 있다.

이 예산표를 자원의 재분배Resource Reallocation 원칙에 따라 재분배하면 된다.

모든 일에는 우선순위가 있기 마련이다.

1. 급하고, 중요한 일부터 처리한다.
2. 급하지는 않지만 중요한 일은 다음에 한다.
3. 급하지만 중요하지 않은 일은 다음에 해도 된다.
4. 중요하지도 않고 급하지도 않은 일은 해서는 안 된다.

현재 우리나라에서 가장 시급하고 중요한 일은 무엇일까? 인구는 한번 줄어들면 다시 회복할 수 없다.

역사에서 배운다고 했다. 역사는 반복된다고 했다. 스파르타나 로마제국이 왜 멸망했는가? 인구가 줄어들어 결국은 망했다. 이달 초에 여행하면서 들은 이야기다. 이구아수 폭포는 원래는 파라과이 영토였다. 그러나 전쟁에 패하여 브라질과 아르헨티나가 분할하여 가졌다고 한다. 파라과이는 남자들이 모자라 전쟁에 나가서 싸울 남자들이 없어서 졌다고 한다. 인구가 얼마나 중요한지를 단적으로 나타낸 말이 아니가? 이구아수 폭포가 원래는 파라과이 영토였으나 인구수의 감소로 파라과이가 패해 브라질과 아르헨티나가 분할해 가진 사례에서 보듯이 인구가 얼마나 중요한지를 단적으로 나타내는 사례다.

저출산 문제를 해결하는 일보다 더 시급하고 중요한 일이 없다. 지금까지 해오던 관행으로 국가 예산을 짜고 집행한다면 우리나라의 미래는 없다.

지도자가 할 일이 무엇인가? 국민의 생명과 재산을 보호하는 것이다. 저출산 문제를 해결하는 데 여야가 있을 수 없다. 2019년 예산심의가 곧 있을 것이다. 내 책이 출판되어 서점에서 여러분들이 만나보게 될 날은 11월 말은 되어야 한다.

숫자의 마력이다. 그래서 나는 1억이라는 상징적인 금액을 제시했다. 출산 기피에서 출산하고 싶다는 마음이 동하려면 매력적인 금액을 제시해야 한다. 이 정도의 금액의 위력이 아니고서는 사람들의 마음을 끌지 못할 것이다.

시간이 많이 남아 있지 않다. 우리나라의 결혼 연령을 보면 남자는 32.94세, 여자는 30.24세이다. 이 나이에 결혼하면 아이를 가질 수 있는 확률이 낮다. 『저출산 극복을 위한 의료계의 제언』에서 잘 설명하고 있었다. 이를 감안하여 보면 기존의 결혼 방식으로는 희망이 없다.

그래서 판을 바꾸자고 제안한다.

나에게 한번 아이디어를 내어 저출산 극복 예산을 마련해 보라고 한다면 나는 다음과 같이 하겠다.

1. 나는 사회간접자본 투자SOC: Social Overhead Cost는 시설의 유지 보수 비용만 남겨 놓고 최소 50% 예산을 저출산 예산으로 전용하겠다.

2. 교육부 예산에서 20%를 저출산 예산으로 전용하겠다.

3. 문화체육관광부 예산의 10%를 저출산 해결 예산으로 전환하겠다. 그래도 모자라면 추가경정예산을 편성하겠다.

4. 인구청을 신설하여 전담토록 하자.

책임자는 부총리급으로 하고 임기는 5년이나 10년으로 하자. 늙어가는 대한민국을 다시 젊은 대한민국으로 바꾸는 기회로 그리고 흩어진 민심을 저출산 해결에 한마음 한뜻으로 뭉치고 '만혼을 조혼으로 바꾸자'는 국가적인 캠페인을 벌이자. 많은 홍보가 필요하다. 산아제한보다 몇 배 강한 홍보전략이 필요하다.

인구담당 부총리가 중심이 되어 국가의 위기를 극복해야 한다. 인구청 부총리는 인구 증가와 출생아동들을 늘릴 생각만 하면 좋은 아이디어들이 많이 나올 것이다.

시장을 잘게 쪼갤수록 시장이 커진다는 이론이다. 인구청이 인구 하나만을 다루고 생각하고 예산을 짜고 집행하면 우리 인구는 다시 증가로 돌아설 것이다.

또 출산은 몸으로만 하는 것은 아니다. 가슴으로도 낳을 수 있다. 입양을 활성화해야 한다. 법을 바꾸어야 한다. 또 결혼은 꼭 해야 하나? 결혼하지 않고서 정자은행을 통한 임신과 출산 방법도 얼마든지 있다. 더 많은 아이디어가 있지만 인구청이 생기고 전담하게 되면 인구 감소 추세에서 멈추고, 다시 증가세로 돌아갈 것이다,

1980년대에는 인구가 폭발적으로 증가하였던 시절이 있었다. 다시 이런 일은 일어나지 않는다. 연간 40만 명의 아이가 태어나고 40만 명이 나이 들어 자연으로 돌아가는 출산과 사망의 균형점이 잡혀야 한다.

역사에서 배운다. 태평성대가 되면 아이를 안 낳고 인생을 즐기는 풍조가 자연스러운 현상이라는 역사적 교훈이다. 역사는 반복된다고 했다.

책 표지 그림에 대한 반응을 알아보기 위해 또 여기저기에 의견을 구했다. 표지 사진이 서양아이 비슷하다는 의견에 따라 우리나라 여러 곳에 보내 책 표지 사진은 우리 손주의 모습으로 표지를 바꾸었다. 더 좋아 보인다.

영업은 단순히 물건을 파는 것이 아니다. 내 인격을 파는 것이다. 나는 단순히 책을 파는 것이 아니라 책 속에 있는 나의 가치를 팔고자 한다. 나는 여러분들께 가치를 전달해 드리고 싶다. 나의 분신인 이 책이 여러 사람들에게 읽혀 우리나라의 저출산을 해결하는 데 일조하기를 기대해본다.

나의 목표 고객을 개인보다는 기업에 초점을 맞추고 있다. 기업은 젊은 인재가 필요하다. 지금 내 책에서 강조하는 것은 "젊었을 때 결혼하라, 아이를 많이 낳도록 정부와 기업 그리고 젊은 부부들이 힘을 합하자" 하는 것이다. 모두가 윈-윈하는 전략을 설명드리려고 노력했다.

나의 소망은 급속히 늙어가는 나라를 다시 젊은 나라로 바꾸는 것이다. 이것이 나의 꿈이다. 나는 기업을 대상으로 아이를 낳고 기를 수 있는 직장 분위기 조성에 힘써 달라고 강조하고 있다. 나를 필요로 하는 기업들이 많이 있기를 희망하면서 기업을 대상으로 한 강의를 하겠다.

젊은 나이에 결혼해야 건강한 아이를 낳을 수 있다. 뒷방 늙은이로 조용히 지내다가는 내 나라는 없어지고 내 손주들에게 힘든 세상을 물려주게 될 것이다!!

아니다. 다시 뛰겠다. 우리나라가 오늘 이만큼 잘살게 된 원인 중 하나는 인구가 폭발적으로 증가하였기 때문이라고 나는 생각한다.

인구가 1억은 되어야 한다. 그러나 2100년 인구피라미드는 우리나라 인구를 3850만 명으로 예측하고 있다.

앞에서 인용했듯이 "'죽은 경제학자의 살아있는 아이디어' 란 책의 저자로 유명한 미국의 경제학자 토드 부크홀츠는 자신의 저서 '다시, 국가를 생각하다'(2017년 4월 출간)라는 저서에서 **저출산으로 인한 인구 감소는 우리 시대만이 문제가 아니라 번영을 누렸던 역사 속 많은 국가가 경험했던 공통현상**"이라고 주장했다.[34]

---

34 김다영 기자, 「<2018 대한민국 미래 리포트> 스파르타를 무너뜨린 것은 페르시아가 아니라 저출산」《문화일보》, 2018년 4월 3일

유통 전략도 중요하다. 개인 단위로 팔리기를 원하면 대형서점이나 인터넷으로 비즈니스를 할 수 있다. 회사를 대상으로 할 경우 대량구매를 할 때는 물류비가 책값에 미치는 영향의 정도를 감안한 유통전략을 세우고자 한다.

내 책을 살 핵심 고객은 누구일까?

1. **결혼하는 신혼부부다.** 자식을 낳아 기르기가 너무 힘들어 아이를 낳고 싶어도 기르기가 무섭다고 한다. 내가 직접 커리어우먼들과 인터뷰를 했다. 정부에서, 시집에서, 남편이 조금만 도와주어도 아이를 낳고 기르고 싶다고 했다.

이런 젊은 부부들이 나의 책의 고객이 될 수 있다. 이들은 책이 나오면 사서 보겠다고 했다.

2. 기업의 미래는 젊은 인재를 확보하는 것이다.

젊고 유능한 인재를 확보하려면 아이를 낳고 기르기 편안한 직장 분위기를 조성해 줘야 한다. 따라서 **각 기업들의 인사부서가 내 책의 고객이 될 수 있다.**

3. **손주를 둔 할아버지, 할머니가 나의 고객이다.** 노인

들은 경제적으로 힘이 없다는 것은 틀린 말이다. 자수성가하여 노후를 즐기는 사람들이 많다.

부모는 자식에게는 엄한 경우가 많다. 그러나 손주 앞에서는 무장해제가 된다. **이런 노인들이 나의 책의 고객이 될 것이다.** 그래서 나는 대한노인회장을 만나기 위해 신청을 해 놓은 상태다.

나는 사이버세상에 양명서원(陽明書院)을 몇 달 전에 개원했다. 누구나 나에게 e-mail 주소만 알려주면 논어를 공부할 수 있다. 주로 한자에 훈(음)을 달고 읽을 수 있도록 했다. 언제부터인가 학교에서 신문에서 한자가 사라졌다. 우리의 역사를 알려면 한자를 알아야 할 터인데 말이다. 그래서 오늘의 '한자공부란'을 만들어 내가 일일이 옥편을 찾아 우리 발음과 훈을 달아준다. 가르치려면 내가 먼저 배워야 한다. 곧 내가 공부하는 방식이다. 어느 덧 총 20편 중 13편을 끝냈으니 우리 속담에 나오는 시작이 반이다. 금년 말까지 '논어'를 한 번 읽게 된다. 사실 나는 열 번은 더 읽은 효과를 보고 있다.
e-mail 주소는 krkoym@naver.com

가격 전략은 수익과 직결된다. 따라서 나는 어떻게 할까를 고민한다.

나의 책은 오리지널 혁신 제품이다. 지난 몇 개월 동안 우리는 밤잠을 설치면서 이 책을 썼다. 나는 내 책을 프리미엄 가격으로 팔고 싶다. 그러나 출판사는 지금 시중에 유통되는 가격대에서 결정하자 한다.

내가 속했던 세계적인 글로벌 회사[Hoechst]는 오리지널 혁신 제품만을 개발하여 세계시장을 개척했다. 연구투자비가 많이 든다. 1만 가지의 후보 물질 중에서 최종 하나가 선택된다. 신제품은 인체에 무해하고 우리가 원하는 효과를 입증하기 위한 임상시험을 해야 한다.

혁신제품으로 시장에 나오더라도 특허기간은 20년이다. 세계 각국에서 발매하고 판매허가를 받는 데 소요되는 시간을 제외하면 국내에서 특허제품으로 팔 수 있는 기간이 10년 미만이다.

따라서 글로벌회사들은 발매 5년 전부터 앞으로 발매할 신제품에 대한 마케팅을 하는데 이것이 프리마케팅이다. 프리마케팅을 얼마나 효과적으로 하는가에 따라, 제품이 출시되고 특허가 끝날 때까지 누적 매출이 최고 수준에 도달하는 것이 다르다.

어린아이들이 사라지고 있는 대한민국이 위기라고 떠들기만 하였지, 대안을 제시하지 못함을 보았다. 내가 한번 해보겠다고 나섰다. 위기의 대한민국을 구하려면 많은 사람이 읽어 볼 기회를 주어야 하는데 그러려면 가격을 높여 이익을 창출하고 이 돈으로 광고할 수 있는 비용을 확보해야 한다. 딜레마에 빠졌다.

가격전략이다. 저가 전략이냐? 고가 전략이냐? 의견이 나누어졌다.

많은 사람에게 내용을 압축한 슬라이드를 만들어 뿌리고 의견을 듣는다. 가장 많은 질문은 "어디에서 그 많은 돈을 확보할 수 있을까"를 의심하고 있다.

나의 답변은 이렇다. 책을 다 쓰고 출판사로 넘긴 지가 벌써 두 달은 되었다. 내가 추가로 글을 써 보내니 목표로 했던 출판일이 늦어지고 있다. 나는 이미 오피니언리더들과 의사소통을 하고 있지 않은가? 여러 사람의 의견을 듣고 수정하고 보완하고 있다. "혼자서는 빨리 갈 수 있지만 함께 가면 더 멀리 갈 수 있다"는 아프리카 속담이 생각난다.

70년을 살았다. 인생은 끝없는 U턴이다. 나는 의사가 되려 했으나 약사가 되었다. 포병을 지원했으나 보병이 되었다. 학술부 학술사원이 되고자 했으나 영업사원이 되었다. 일선 영업사원 경험과 글로벌 회사에서 배운 마케팅 지식을 총동원하여 최고의 걸작품을 만들어 최고의 가치를 인정받고 싶다.

뒷방 늙은이로 조용히 살다 가려 했는데, 저출산 때문에 나라가 없어질 운명이란다. 우리 손주들에게 헬조선을 물려주지 말아야 한다. 구국의 일념으로 열심히 뛰다 보니 나를 콘텐츠 크리에이터Contents Creator라고 한다.

나의 고객이 누구인가를 정확히 타깃팅해야 비용은 줄이고 성과는 크게 할 수 있다. 프리마케팅을 하는 이유는 단시간 내에 시장을 키워 이익을 극대화하기 위함이다.

대부분 사람들은 초고를 비밀로 붙인다. 사람들은 보물단지처럼 숨기지만 오픈하고 의견을 듣고서 고객의 아이디어까지 포함하는 책은 가치가 더 클 것이다.

내 경험으로 보면 초고를 오픈하여 고객의 소리에 귀 기울이면 더 좋은 작품이 탄생할 것이다. 오픈하여 의견을 구하면 아이디어를 쉽게 구할 수 있다. 이것이 내가 살아가는 방법이다.

책 출판 전에 자료를 공개한다는 것은 위험한 발상이라고 한다. 그러나 나는 그렇게 생각하지 않는다. 사전에 정보를 주어 찬반 토론을 하게 되면 이것이 바로 시장을 크게 만들어 가는 노이즈Noise 마케팅이다.

나의 분신인 『우리 손주 큰일 났네』는 70 평생의 결정체다. 혁신적인 신제품이다.

나는 “만혼에서 조혼으로” 판을 바꾸자고 제안했다. 그리고 구체적인 방안으로 “출산 축하금을 주자”고도 했다.

나에게 한번 아이디어를 내 보라고 한다면, 사회간접자본 투자는 시설의 유지 보수 비용, 즉 관리 차원의 예산만 남겨놓고 최소한 50% 예산은 저출산 예산으로 전용하겠다.

교육부 예산에서도 많은 액수를 줄일 수 있을 것이다. 현재도 중요하지만 교육부의 미래고객을 위해 예산을 배정하는 것이 옳다고 생각한다. 부서 이기주의가 존재한다. 당쟁, 부서 이기주의를 부리는 사람들이 있다면 국민들이 보고 있다는 사실을 알아야 할 것이다. 이 돈으로 나라를 구하라고 하는 대승적 차원의 사고를 해야 진정한 국가 지도자가 아닌가?

문화체육관광부 예산에서도 일부의 예산을 저출산을 해결할 출산 축하금으로 마련할 수 있을 것이다. 어떤 문화체육 행사보다도 새로 태어날 우리의 미래의 희망들에게 사용하라고 예산을 돌려주는 문화체육관광부가 되어야 한다.

그래도 모자라면 추가경정예산을 편성하여 저출산을 해결할 출산 축하금을 확보해야 한다. 또한 지금 정부조직을 보면 인구를 책임지는 정부 조직이 없다. 얼마 전 국회 보건복지위원회 위원장님 면담 시 총리실 산하에 TF 팀이 따로 있다는 말씀을 들은 것 같다. 자료를 찾아보았다. 여성가족부, 보건복지부, 저출산위원회 등에서 서로 책임을 미루니 전담부서 인구청을 신설하고 부총리급으로 하자. 자세한 제안은 다른 장에서 이미 설명했으니 더 이상 말씀드리지 않겠다.

늦었다고 생각할 때가 가장 빠른 때라고 한다. 위기라고 한다. 위기는 또 기회가 될 수도 있다고 하지 않는가?

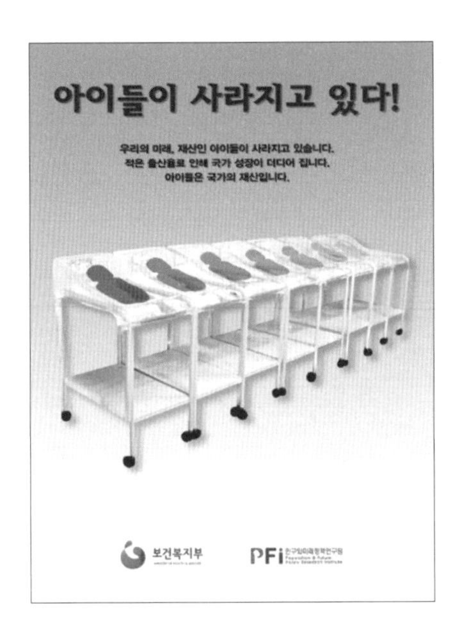

늙어가는 대한민국을 다시 젊은 대한민국으로 바꾸는 기회로 삼자. 그리고 흩어진 마음을 저출산 해결로 한마음 한뜻으로 모아 "만혼을 조혼으로 바꾸자" 하는 홍보를 산아제한 때보다 더 강력하게 실시해 줄 것을 정부에 부탁드린다.

인구청이 신설되고 부총리가 인구 증가와 출생아동들을 전담으로 생각하면 모든 것은 수월하게 풀릴 것이다.

또 출산은 몸으로만 하는 것이 아니지 않은가? 입양을 활성화해야 한다. 법을 바꾸어야 한다. 또 결혼은 꼭 해야 하는가? 결혼하지 않고서 정자은행을 통한 임신과 출산 방법도 얼마든지 있다.

더 많은 아이디어가 있지만 인구청이 생기고 전담하게 되면 인구가 감소 추세에서 멈추고 다시 증가세로 돌아가는데도 시간이 걸릴 것이다. 이미 앞 장에서 5개년 계획을 이야기했지만 이 목표는 열심히 해야 달성 가능한 목표이다. 1980년대에는 인구가 폭발적으로 증가하였던 시절이 있었다. 다시 이런 일은 일어나지 않는다. 연간 40만 명의 아이가 태어나고 40만 명이 나이 들어 자연으로 돌아가는 출산과 사망의 균형점이 잡혀야 한다.

역사에서 배운다고 한다. 태평성대가 되면 아이를 안 낳고 인생을 즐기는 풍조는 자연스러운 현상이라는 역사적 교훈을 배웠다. 역사는 반복된다고 하지 않는가?

문명:
지금 우리가 사는 방법
18. 10. 18. —
2019. 2. 17.

총인구 및 인구성장률, 1965-2065년

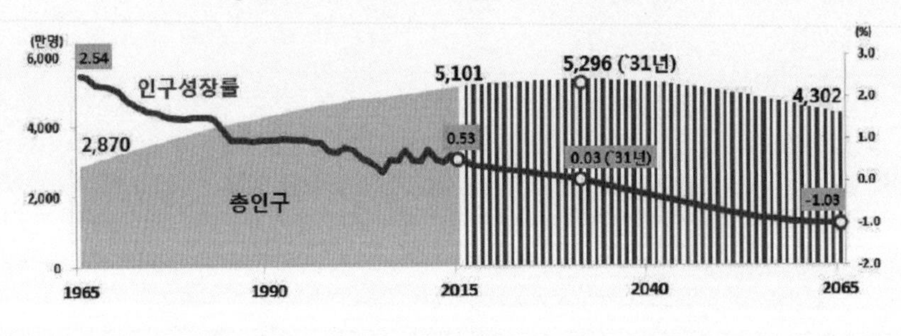

(자료: 통계청)

도표에서 보면 2031년에 우리나라 인구는 5,296만 명으로 정점을 찍는다. 그리고 감소하기 시작하여 2065년에는 우리나라 인구가 4,302만 명이 된다는 이야기다. 지금

2018년의 인구는 5,181만 명이다.[35] 2065년까지는 47년이 남았다. 47년 후 대한민국의 인구는 지금보다 879만 명이 적은 4,302만 명이다. 서울 인구와 비슷한 크기의 인구가 47년 후에는 없다는 것이다.

아래의 '연령계층별 인구 구조'를 보자. 생산가능인구는 2016년에 3,763만 명으로 정점을 찍은 후 꾸준히 하락하여 2065년에는 2,062만 명까지 떨어진다. 반면에 고령인구는 2065년에 1,827만 명까지 증가한다. 생산가능인구 대 고령인구의 비율이 거의 1:1에 이르는 것이다.

연령계층별 인구 구조, 1965-2065년(중위)

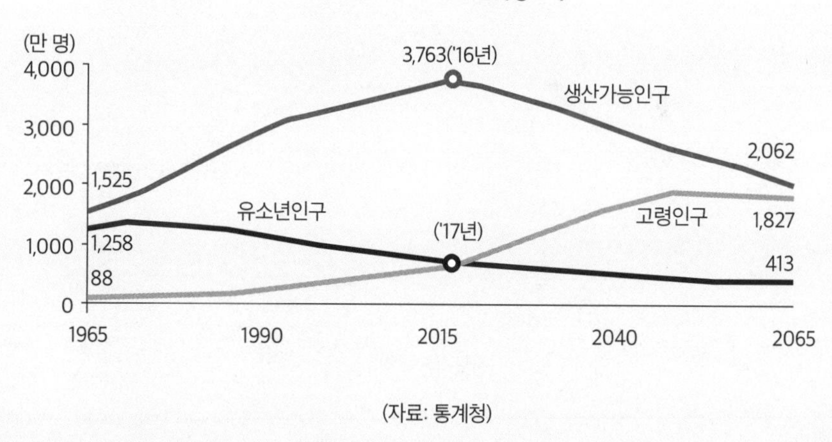

(자료: 통계청)

35 행정안전부, 2018년 8월 기준

연령계층별 인구 구성비, 1965-2065년(중위)

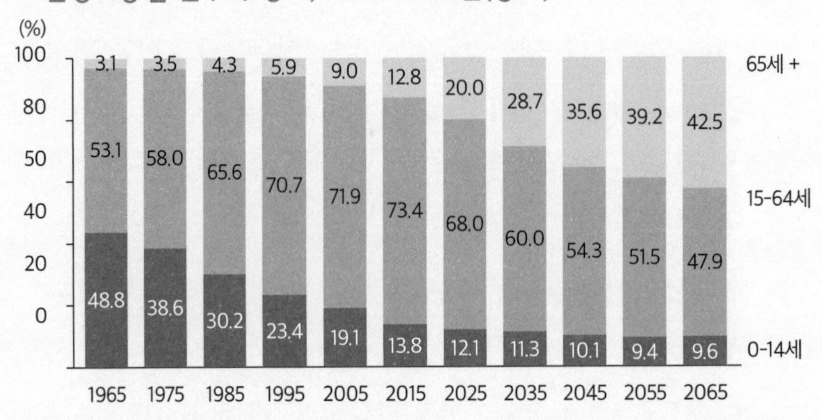

(자료: 통계청)

생산가능인구, 1965-2065년

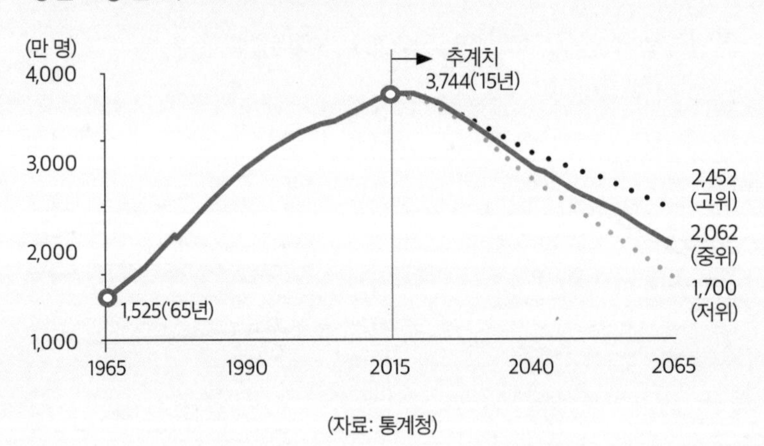

(자료: 통계청)

생산가능인구 연령구조, 2015-2065년(중위)

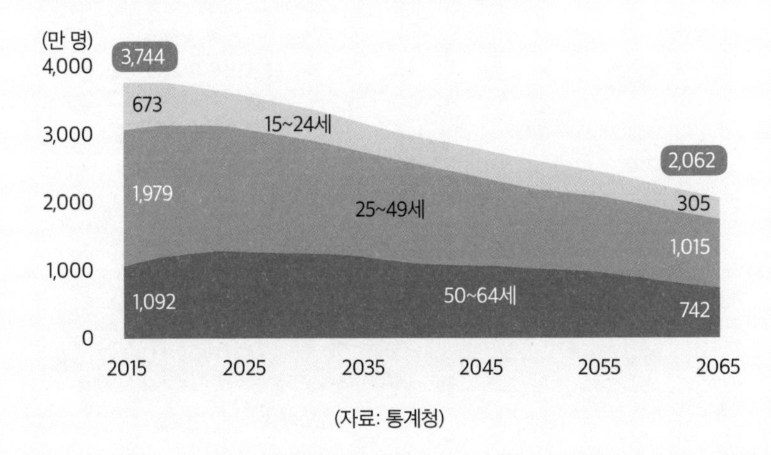

(자료: 통계청)

유소년 인구, 1965-2065년

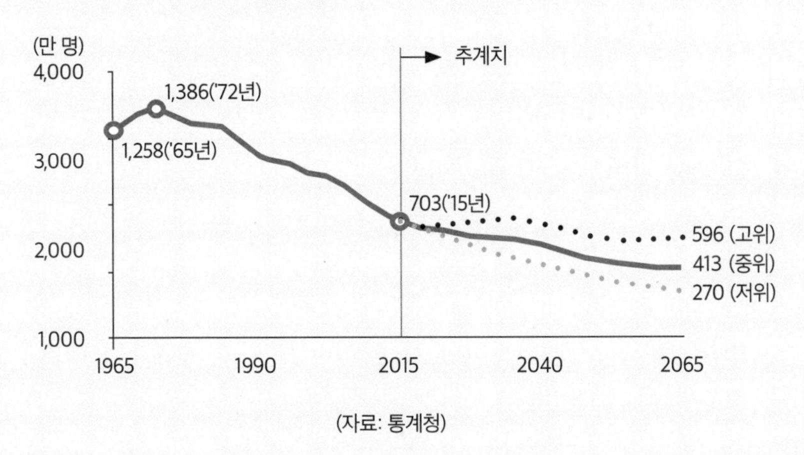

(자료: 통계청)

학령인구, 2015-2065년(중위)

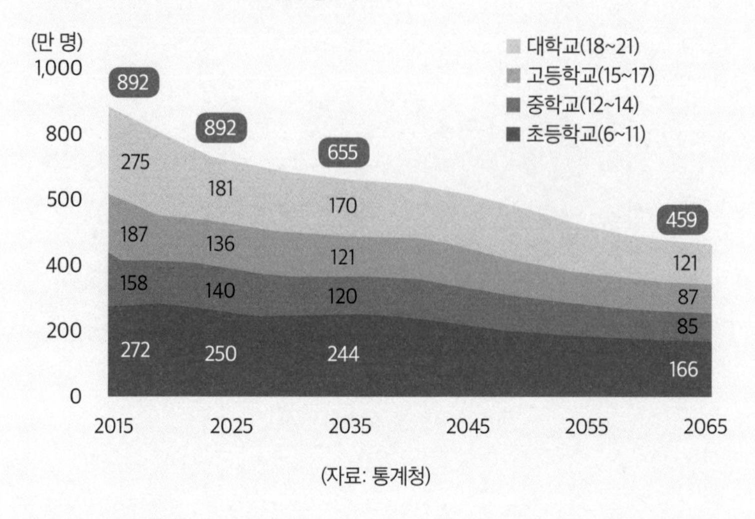

상상을 해 보자. 서울인구 1000만이 지금 없다면 대한민국의 인구구조는 어떠할지 머릿속에 그려보자. 정부는 모두 알고서 대비하고 있을 것이다.

인구가 17% 감소하였다. 우리는 증가하고 팽창하였다는 말에는 익숙한데 감소하였다는 표현에는 익숙하지 않다. 서먹서먹하다. 그러나 앞으로는 늘었다 또는 증가했다는 플러스(+) 쪽보다는 줄었다 또는 감소했다는 마이너스(-) 쪽의 이야기가 많이 나올 것이다. 플러스 경제는 운영이 쉽다. 그러나 마이너스 경제는 운영하기가 쉽지 않다.

자동차도 산을 오를 때보다 내려올 때 더 조심하여야 한다. 예상하기로는 인구가 17% 줄었으니 사람들이 많지 않고 북적거리지 않아서 좋을 것이다. 고속도로는 더 이상 차들로 붐비지 않을 것이다. 왜냐하면 이미 고속도로는 인구 5,000만 명 이상을 예상하고 건설되어 있기 때문이다.

차들이 적게 다니니 매연이 적어져 좋을 것이라는 생각도 든다. 미세먼지가 많이 줄어드는 등 인구가 줄어들 때 얻을 수 있는 이점도 많이 있다.

문제는 경제다. 인구가 17% 줄어들면 산업에 미치는 영향은 마이너스로 작용하게 된다. 당장 실업자가 발생한다. 유아원, 유치원, 초등학교 등 교육기관이 1차 피해자가 될 것이다. 물론 대학교도 예외는 아니다.

아동복 시장, 장난감 산업, 아이들 책, 학원 등 무수히 많은 '아이들의 산업'이 초토화될 것이다. 시장은 급격히 위축될 것이 뻔하다. 산업의 위축은 곧 실업과 직결된다.

먹고 살 만해지자 아이를 안 낳겠다고 한다. "딩크족"이라니 한마디로 억장이 무너지는 소리다. 우리 세대가 피눈물 나게 일하고 이룩한 업적이 퇴색되고 마치 우리가 잘못한 것처럼 우리를 몰아붙일 때는 참으로 슬펐다.

그러나 언젠가는 우리들의 노력을 알아주겠지 하며 말없이 뒷방 늙은이로 조용히 사라지려고 했었다. 그런데 이게 무슨 소리인가? "2026년 젊은 사람 한 명이 늙은 사람 한 명을 부양해야 한다"고 한다. 또 '우리는 얼마나 너희들로부터 비난을 받아야 할까'를 생각하니 차라리 내가 입바른 소리를 먼저 해야겠다.

우리가 너희들을 고생시키지 않으려고, 너희들이 무시당하지 않도록 해외에 나가서 열심히 일했고, 너희들 배 곪기지 않으려고 열심히 키운 죄밖에 잘못한 것이 뭐가 더 있느냐?

너희 부모들이 너희를 낳고서 얼마나 기뻐했는지 아느냐? 또 고생시키지 않으려고 얼마나 숨은 노력을 했는지 너희들이 안다면 어디에서 감히 "시집·장가를 안 간다 또는 애를 안 낳겠다"는 말을 하느냐?

집값이 비싸서, 애 키우는 데 비용이 많이 들어서, 취직이 어렵다고, 이런 문제는 문제도 아니다! 한번에 해결해 줄 처방이 내게 있다.

그러니 아무 소리 말고 애들을 낳아라! 좋은 일이 있을 것이다. 내가 너희들과 함께하마.

이론만 펼치고 실천하지 않는 그런 사람들과 놀지 말거라! 그런 사람들 말 백 번 듣는 것보다 나의 말 한마디를 더 중하게 여겨 주기 바란다. 나의 부탁을 받았으니 아이들을 낳도록 하자.

그리고 희망의 나라를 만들기 위해 함께 노력하자. 나의 건의가 받아들여지도록 청와대로 청원서를 함께 제출하러 가자!!

앞으로 "인구가 얼마나 중요한 것인가?"를 실감하며 알게 될 것이다. 연금이나 의료보험도 마찬가지다. 연금은 붓는 사람이 있어야 내가 받을 수 있다.

연금을 매월 수입에서 부어 넣어 줘야 노인들이 연금을 받아 살 수 있는 것이야!! 연금은 하늘에서 떨어지느냐? 연금 수입 하나로 살아가는 너희 할아버지·할머니를 생각한다면 그런 웅석은 이제 그만하자.

■ Social spending (Public, % of GDP, 2016 or latest available)

5.9. Public social spending is worth 22% of GDP on average across the OECD

Public social expenditure as a percent of GDP, 2007, peak level after 2007, and 2016

5.10. Most spending goes to pensions and health

Public social spending by broad policy area and total net social spending, 2013/14, in percentage of GDP

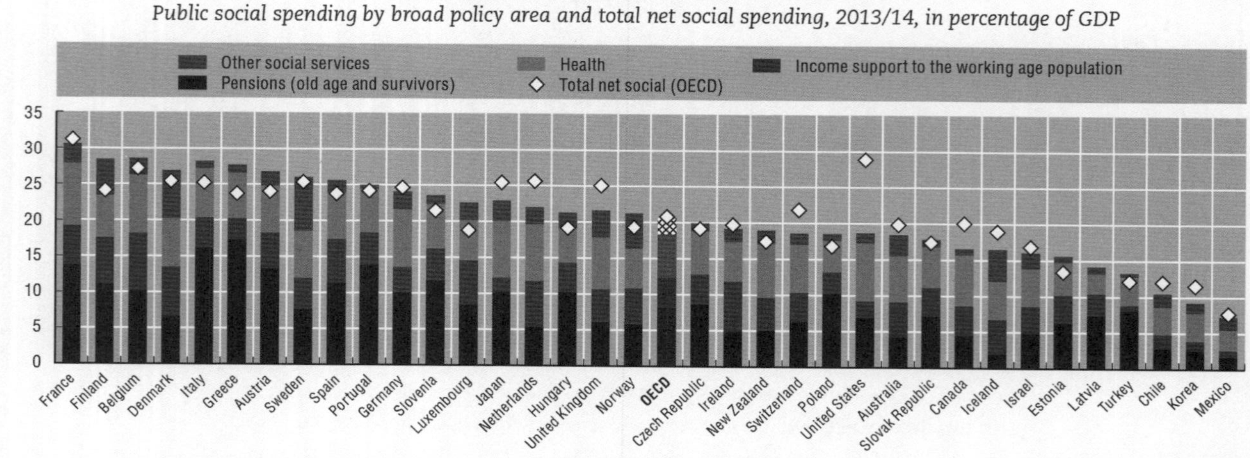

애를 키우는 재미가 얼마나 크면 아이를, 사람을 화초로 비유해서 인화초人花草라 했겠나?

할아버지·할머니를 더 이상 슬프게 하지 말거라. 아이들을 낳거라! 할아버지, 할머니는 손주를 안아 보고 손주들 크는 것 옆에서 지켜보는 것이 노년의 행복이다.

2026년 젊은 사람 한 명이 노인 한 명을 부양해야 한다는 그림을 보는 순간 내가 남보다 예민하게 반응한 이유가 있다. 슬픈 인연이다.

전에 나는 PM의 실수로 크게 낭패를 본 경험이 있다. 어린아이들 유산균제제가 있었다. 인구동태학Demography은 마케팅의 시작이고 끝이라고 한 것 기억이 날 것이다. 수요 예측을 잘못하여 엄청난 손해를 입었던 좋지 않은 기억이 떠올랐기 때문이다.

실패 사례에서 배우는 것이 지혜다. 그래서 나는 다시는 이와 같은 실패는 안 한다. 대한민국의 미래는 너희들이다. 사전에 예방해 줌으로써 우리 손주들을 보호하려는 할아버지의 마음이다.

내가 제안하는 안을 가볍게 보지 말기를 정부에도 촉구한다. 요즈음 사회에서 일어나는 문제들은 지식으로 해결될 문제가 아니다. 지혜는 경험이 없이는 생기지 않는다.

전쟁에 비유해서 설명하면, 인구 팽창은 공격이고 인구 감소는 후퇴다. 인구절벽은 비상시 후퇴작전을 의미한다.

공격과 방어에 대해서 잠깐 알아보고 넘어가도록 하자. 통상 공격할 때는 방어할 때보다 3배의 전투요원과 막대한 화력이 필요하다고 한다. 방어, 후퇴 중 어느 때가 가장 혼란스럽고 어려울까?

당연히 후퇴가 어렵다. 후퇴할 때는 심리적으로 쫓기기 때문에 이성을 잃는 수가 많다. 이성을 잃기 때문에 예측할 수 없는 행동을 하게 되고 우왕좌왕한다.

지금 우리나라 시국이 꼭 이와 비슷하다는 생각을 한다. 비상시국이라 모든 것이 정상적이 아니란 것을 이해는 하지만 너무 헤매는 것 같다.

공격은 인구가 급팽창하는 것과 같다. 우리는 이미 경험을 해서 잘 알고 있다. 폭발적으로 인구가 늘자 산아제한을 권장했다. 그것도 얼마나 강력하게 캠페인을 전개했으면 40

년이 지난 지금도 그때 그 시절의 기억들이, 불임수술의 기억이 생생하다. 그래서 우리는 인구는 항상 넘쳐흐르는 것으로만 생각하고 있었다. 그런데 이제는 너무 안 낳아서 인구가 탈이 났다고 한다.

인구가 급팽창할 때는 집이 모자란다 하여 대규모 아파트 단지를 만들어 급한 불을 끄면 집 문제가 해결되었다. '콩나물시루' 같은 교실이라고 하여, 열심히 학교 건물들을 지었다. 그러나 이제는 남아돈다고 한다.

인구성장과 함께 건설업 등 모든 산업이 성장하였다. 유아산업, 유아 영양제, 유산균제제, 아기들 옷가게, 아기들 책 산업 등 어린아이들과 관련된 산업이 모두 성장하였다. 아이들을 계속해서 많이 낳으면 200만호 아파트를 또 건설해야 한다. 그런데, 아이들 안 낳으니 그 교실들이 남아넘친다.

인구절벽의 대한민국에는 인구가 팽창 시 누렸던 호황은 가시 없다. 특수는 없다. 이미 인구 증가 속도가 마이너스로 너무 심각하게 내려가서 지구상에서 없어질 최초의 국가가 될 것이라는 예측이 나왔다 한다.

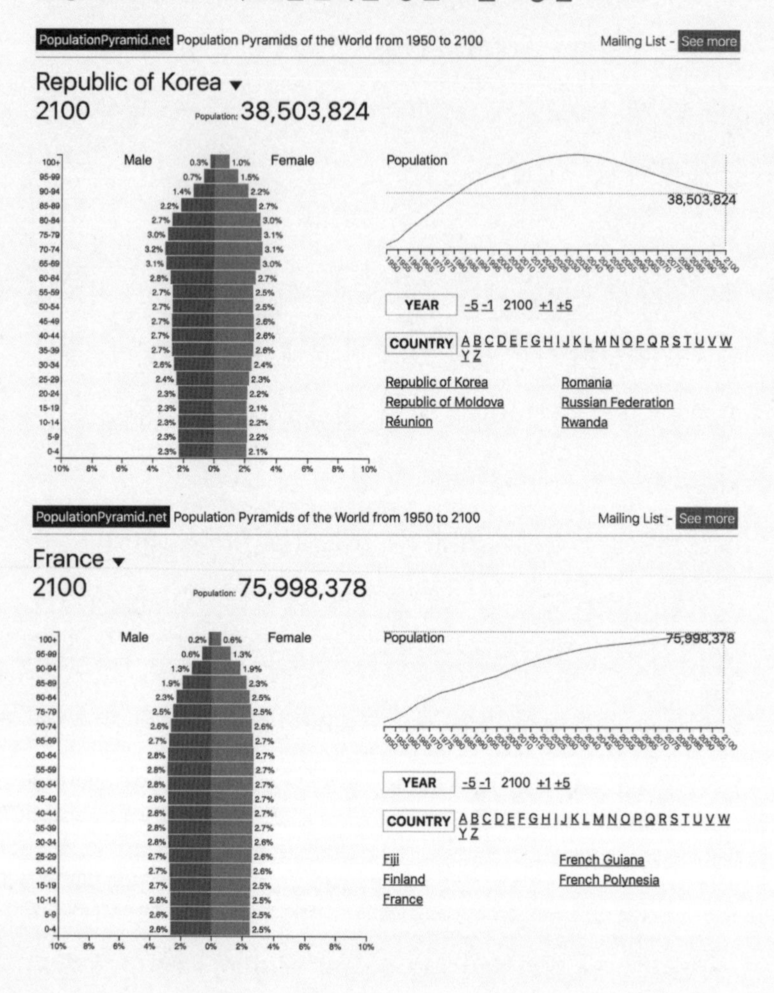

그런데 2100년에 대한민국의 인구가 38,503,824명으로 예상된다. 반면에 인구정책에 성공한 프랑스는 인구가

75,998,378명이 된다고 예측이 나와 있다. 절망의 나라 대한민국, 희망의 나라 프랑스가 될 것이다.

중요한 것은 발상의 전환이다.

하도 고민하다가 오대산 북대로 갔다. 내가 좋아하는 나옹선사의 기를 받으러 갔다. 사실 나는 불교신자가 아니다. 그러나 나는 북대가 좋다. 다시 갔다. 북대는 나에게 영감을 주는 곳이다.

스님께서 저녁 예불을 마치고 차를 한 잔 주신다. 나는 책을 쓰고 있다고 말씀드리고 고민을 얘기했다. 스님은 내 말을 들으시더니 영국에서는 어린 학생이 임신을 해도 사회가 다 알아서 키워 준다는 말을 들었다고 하신다.

사실 나는 대학을 졸업하고 1~2년 사회생활을 하다가, 결혼하는 것이 가장 좋다고 생각했었다. 그런데 요사이 젊은 이들의 평균 결혼 연령이 남자 32.94세, 여자 30.24세였다.[36]

오대산 북대에서 오대산의 정기를 받고 돌아왔다. '임신도

36 통계청, 2017년 평균 초혼 연령

때가 있다'라는 소제목의 글을 쓰려고 하니 영 안 된다. 나는 도움을 얻고자 은퇴하신 노老교수님께 전화를 드렸다.

오랫동안 소식을 전하지 못해 미안한 마음이 든다. 문안 인사도 드릴 겸 전화를 드렸다. 가임기에 대해서 쉽게 요점 정리를 받으려는 마음으로 전화를 드렸다. 반가운 인사가 오가고 나서 나는 본론을 말씀드렸더니 알았다 하신다.

책을 쓴다고 말씀드리고 "우리나라 초혼 연령이 30세가 넘는데 교수님의 입장에서 볼 때 뭐가 문제입니까?"라고 질문을 드리자, 만혼이 문제라고 하시면서 『저출산극복을 위한 의료계의 제언』이라는 책 한 권을 주신다.

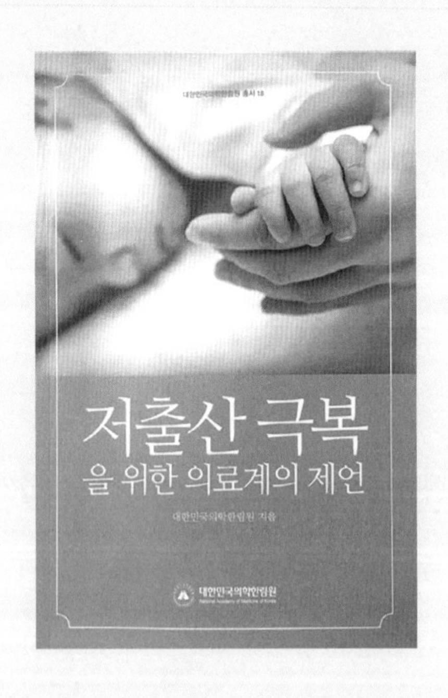

오대산의 스님과도 의견이 비슷하다. 나도 25세 정도로 결혼 연령을 낮추면 좋을 것 같은 생각이었다. 노교수님의 의견도 마찬가지다.

그렇다. 그렇다면 '성년식을 결혼식' 날로 하면 얼마나 좋을까 하는 데 생각이 미치자 즉시 통계청 자료를 검색했다. 자료가 만들어졌다. 일목요연한 자료를 보니 빛이 보인다.

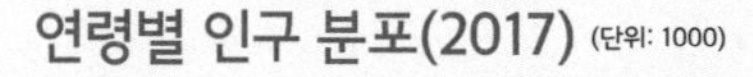

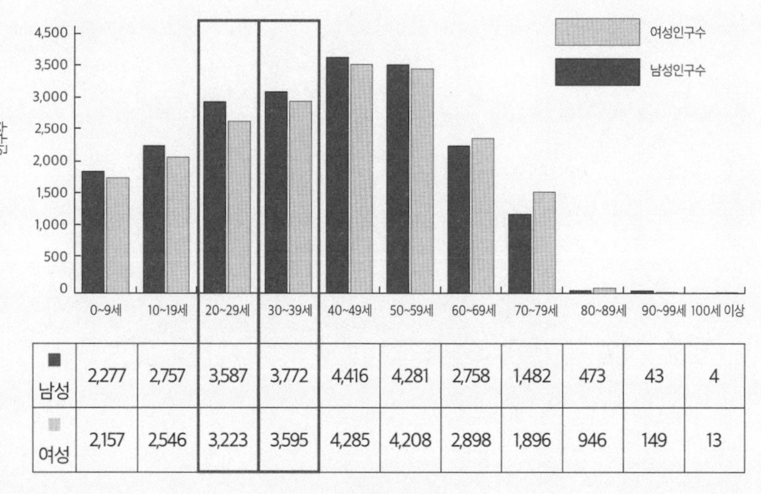

	0~9세	10~19세	20~29세	30~39세	40~49세	50~59세	60~69세	70~79세	80~89세	90~99세	100세 이상
■ 남성	2,277	2,757	3,587	3,772	4,416	4,281	2,758	1,482	473	43	4
■ 여성	2,157	2,546	3,223	3,595	4,285	4,208	2,898	1,896	946	149	13

(자료: 통계청)

연령구간 인구수	남성	여성	총 인구수	남녀 인구갭	남(%)	여(%)
0~9세	2,277,849	2,157,349	4,435,198	120,500	51.36%	48.64%
10~19세	2,757,691	2,546,734	5,304,425	210,957	51.99%	48.01%
20~29세	3,587,959	3,223,008	6,810,967	364,951	52.68%	47.32%
30~39세	3,772,868	3,595,781	7,368,649	177,087	51.20%	48.80%
40~49세	4,416,852	4,285,900	8,702,752	130,952	50.75%	49.25%
50~59세	4,281,397	4,208,807	8,490,204	72,590	50.43%	49.57%
60~69세	2,758,597	2,898,667	5,657,264	-140,070	48.76%	51.24%
70~79세	1,482,178	1,896,928	3,379,106	-414,750	43.86%	56.14%
80~89세	473,039	946,560	1,419,599	-473,521	33.32%	66.68%
90~99세	43,465	149,065	192,530	-105,600	22.58%	77.42%
100세 이상	4,024	13,826	17,850	-9,802	22.54%	77.46%
합계	25,855,919	25,922,625	51,778,544	-66,706	49.94%	50.06%

(자료: 연령별 인구현황, 통계청)

인구절벽은 이론상으로는 이미 해결되었다. 그렇다면 실행에 옮겨 성공을 시켜야 한다.

"어떻게?" 지성이면 감천이라 했다.

첫째, 기업 후원시스템 프로그램을 운영하자는 것이다.

진부한 방법 같다 생각할 수도 있다. 온고지신이다. 창의력은 옛 것에서 나온다는 뜻이다.

가칭 "젊은 대한민국 만들기 프로젝트"에 참여할 기업을 선정하자!

가. **대기업은 2114개**이다.

나. **중견기업은 4010개**이다.

다. **중소기업은 621,332개**가 있다.

(자료: 통계청, 2016년 기준 종사자, 규모별 기업수)

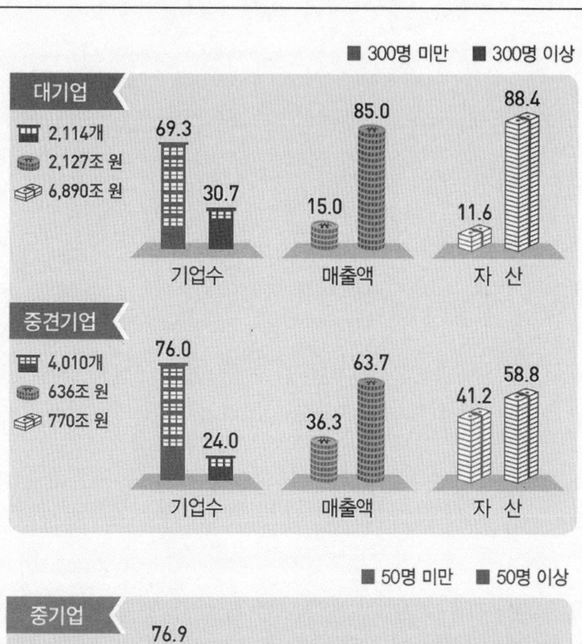

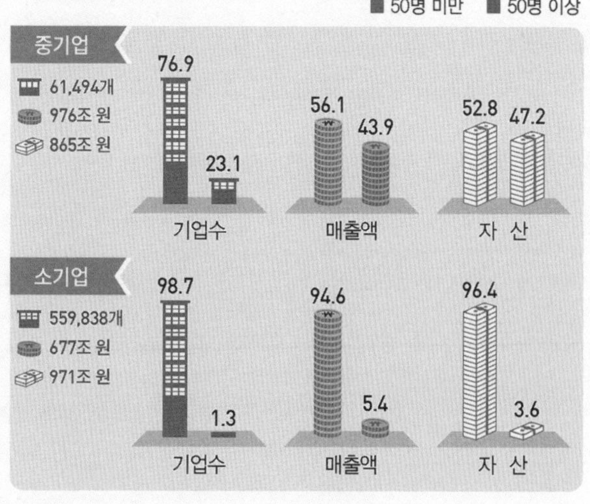

이렇게 시장세분화를 하고 목표고객 선정을 하는 것, 즉 Segmentation & Targeting은 마케팅의 기본이다.

우리나라는 선진국 문턱에 왔다. 10년 이상을 문턱을 못 넘고 있다. 이유가 뭘까? 아직도 사람들의 의식이 선진국형이 아니기 때문이라고 생각한다. 선진국은 돈만 있다고 되는 것은 아니다.

노블레스 오블리주Noblesse Oblige라는 말이 있다. 사회적 지위가 높거나 명예를 가진 사람에게 요구되는 높은 수준의 도덕적 의무, 사회지도층의 책임 있는 행동을 다할 것을 강조하는 불어다.

초기 로마시대에 몇몇 왕과 귀족들이 투철한 도덕의식과 솔선수범하는 공공정신을 보인 것에서 비롯된 말이다. 여러 가지 문제가 있지만 나는 우리나라의 사회적 수준의 높거나 명예를 가진 사람들의 생각이 아직은 선진국에 못 미친다고 생각한다. 일례를 들어보자. 영국 찰스 왕세자의 동생인 앤드루 왕자는 1981년 포틀랜드 전쟁에 참여하였고, 아들 윌리엄 왕자는 영국 공군 수색구조 헬리콥터 조종사로 활동하면서 결혼식을 마친 후 3일 만에 복귀해 씨킹Sea King 헬기를 몰고 두 건의 산악 구조활동을 성공적으로 끝냈다는 기사를 보고 우리는 언제 이런 지도자들을 가질 수 있을까 하고 부러워한 적이 있다.

우리 기업들도 선진국형 기업으로 거듭나야 한다. 내가 일했던 독일의 "H"사는 노벨 과학상을 5개나 받은 유명한 세계 제일의 회사였지만, 지금은 역사 속으로 사라지는 현실의 냉혹함도 보았다. 그 고통의 후유증으로 나는 한국에서 우리보다 1/10 규모의 "적대적 인수합병"의 쓰라린 경험이 있다.

나의 이와 같은 제안에 우리나라의 무수히 많은 기업들이 앞다투어 함께하겠다 할 것이라고 자신 있게 말할 수 있다. 이제 우리 기업들의 수준이 여기까지 왔다고 판단하기 때문이다.

이제는 내가 왜 우리나라의 위기에서 경제는 5번째 정도로만 보고 있는지를 이해하실 것으로 본다.

아이들 키우기 힘들어서 안 낳겠다는 것은 말이 안 되는 이야기다. 지금 아이들을 안 낳겠다는 그분들에게 남 따라서 하지 말라고 말하고 싶다.

딩크DINK족은 바이러스다. 바이러스는 면역력이 약한 사람부터 공격한다는 사실을 알라고 전해 달라. 본인들의 면역력이 그만큼 약하다는 반증이다.

여러분들이 아이들을 낳지 않겠다고 하면 낳지 않아도 좋다. 새로운 젊은 그룹이 대한민국의 미래를 결정할 것이다. 나와 비슷한 선배·후배 세대들이 오늘의 대한민국을 만들었다. 아이를 낳기를 거절하는 세대들을 뛰어넘어 새로운 희망의 세대들과 우리는 꿈이 있는 미래의 대한민국을 만들어 나가겠다. 내가 비록 70세지만 앞장서 나갈 것을 선언한다.

대한민국의 위기 가운데 첫 번째가 인구절벽, 두 번째가 미래 먹거리, 세 번째가 비만, 네 번째가 치매 그리고 다섯 번째가 경제라고 했다.

이번 인구절벽 해결편을 마무리한다. 희망의 대한민국의 기틀이 바로잡힐 것이라 생각한다.

이제부터는 실천운동을 함께 전개하기로 하자. 희망을 갖자! 미래는 대한민국이다. 지금으로부터 10년 전 "성공학"을 주제로 특강 요청이 있었다. 인천에 있는 인하대학교 학생들 500여 명 앞에서 이야기했던 일이 생각이 난다.

대한민국의 1인당 국민총생산액GDP은 61,863달러로 세계 2위 국가가 될 것이라고 말했던 기억이 난다. 이것은 나의 얘기가 아니라 "골드만삭스 보고서" 이야기다.

마지막으로 정부에 건의한다. 임기가 보장되는 부총리급으로 인구청을 신설해달라. 그리고 임기는 10년이 되어야 한다(우리 출산 축하금 제도가 10년 한시적이기 때문이다).

감사합니다.

2018년 11월

고양명 올림

이제 책을 위한 모든 생각들이 글로 쓰였다. 이 책은 나 혼자서 쓴 것이 아니다. 나는 이 전 과정을 통해 첫 단초를 제공했을 뿐이다.

나의 생각을 반대 측면에서 지적해준 분들 덕분에 더 고민하고 자료를 찾아 보강할 수 있었다. 그분들의 고마운 지적들이 있었기에 오늘의 끝맺음으로 이어질 수 있었다고 생각한다. 감사합니다.

통계청 자료나 행정안전부 자료를 찾아주고 기초로 가공해, 내가 참고할 수 있게 만들어 준 김치호 상무가 있어 책을 완성할 수 있었다. 사실 김치호 씨는 기획자가 아니라 공동저자로 해야 맞다. 그러나 본인이 적극적으로 사양하니 그렇게 하지 못함이 아쉽다. 또 내 큰아이 종민도 내가 너무 나갈 때마다 옆에서 브레이크를 걸어 주어 고마웠다.

나는 꿈꾸기를 좋아하는 꿈 많은 70세 청춘이다. 나이가 들어가니 하고 싶은 일들이 더욱 많아진다. 나이를 거꾸로 먹는 주책인가 보다. 내가 꿈꾸는 세상을 싫다 하지 않고 들어주는 친구들이 있어 나는 행복하다. 말없이 성원해주는 전 과천시 재향군인회장 김선옥, 부회장 황추선 사장은 알고 지낸 기간은 얼마 되지 않는다. 좀 더 오래전부터 친하게 지냈으면 더 좋았겠지만 우리의 인연이 그런 것을 어떻게 하겠나?

짧지만 깊게 갈 운명인가 보다. 그들은 과천 인근에 살고 있어 자주 만나는 이웃사촌이다. 이들은 나의 꿈을 잘 받아 주는 좋은 친구들이다. 출산 장려 운동을 국가안보 차원에서 접근하자는 내 의견에 적극 동의하고, 현 과천시 재향군인회장 박희옥과 이주식 사무총장을 설득까지 해주었다.

과천시 재향군인회가 앞으로 앞장서서 큰 꿈을 꾸는 사이가 되었으면 하는 소망이다. 대한민국 재향군인회가 우리나라 출산 장려 정책을 지지하는 안보단체가 되었으면 하는 바람도 가져 본다.

가톨릭기사단으로 나를 이끌고 가고 가톨릭교회도 뒤에서 지원해 주면 하루라도 더 빨리 우리나라가 저출산 국가에서 아이 낳고 싶은 대한민국이 될 수 있을 터인데 하는 소망을 해보며 위에서 묵묵히 뛰는 임영규 사장의 숨은 노력에 감사를 드린다.

서울대학교 의과대학 장수연구소 소장 정진호 교수님의 첫날, 첫 시간 강의에서 본 한 장의 슬라이드는 이제 대한민국 저출산을 해결하는 단초가 되었습니다. 내가 말이 많아 죄송하다고 하자 메일로 회장님은 말이 많으신 것이 아니라 아이디어가 많으신 것이라며 본인에게 많은 참고가 되신다 격려해 주시고, 책의 추천사까지 써 주시기로 하여 저는 무한한 영광으로 생각합니다.

"만혼을 조혼으로"라는 대전제를 생각하게 해주신, 오대산 스님과 은퇴하신 노교수님께도 깊은 감사와 존경을 표하고 싶다. 비록 지금 시작하는 일이지만, 우리가 펼치는 세상은 대한민국의 미래를 결정하는 중요한 일이라 생각하고 혼신의 힘을 다할 것을 약속드린다. 아이를 낳아 기르고 싶은 대한민국이 되는 그날까지 열심히 뛰겠습니다. 감사합니다.

마지막으로 며칠 전에는 내가 살고 있는 과천시의 과천시장님을 찾아뵈었다. 시장님께서 우리가 준비한 슬라이드 한 장 한 장을 다 읽어보시는 모습을 보고 새로운 희망을 보는 것 같았다. 경청하여 주신 시장님께 이 자리를 빌려 감사의 말씀을 드린다.

■ 참고자료

기획재정부, 『2018년 나라살림 예산개요』, 「주요 분야별 재원배분」

행정안전부, 『2018 행정안전통계연보』

통계청, 『2016년 출생통계(확정)』

통계청, 『2017년 출생통계(확정)』

통계청, 『장래인구추계: 2015~2065년』

통계청, 『2017 한국의 사회지표』

박혜원 기자, 뉴스투데이, 2018년 3월 7일, 「[저출산 위기에 맞선 정부들] ② 전폭적인 '현금지원'으로 10년 만에 저출산 극복한 프랑스」
http://www.news2day.co.kr/100153

김효정 기자, 주간조선, 2458호, 「'낳기만 하면 기르는 것은 국가의 몫'...비혼(非婚)출산 육아도 국가가 책임져야!」
http://pub.chosun.com/client/news/viw.asp?cate=C01&mcate=M1003&nNewsNumb=20170524817&nidx=24818

김미란 기자, 더스쿠프, 207호, 「저출산의 늪❶ 아이 낳는 대책 왜 안 먹히냐구요?」
http://www.thescoop.co.kr/news/articleView.html?idxno=21271

김미란 기자, 더스쿠프, 207호, 「저출산의 늪❷ 대책이 대책다워야 아이를 낳지」
http://www.thescoop.co.kr/news/articleView.html?idxno=21272

김정덕 기자, 더스쿠프, 207호, 「저출산의 늪❸ 힘 쓸 이가 없는데 어찌 나라가 살리오」
http://www.thescoop.co.kr/news/articleView.html?idxno=21276

강서구 기자, 더스쿠프. 207호, 「저출산의 늪❹ 3억896만원, 이게 어디 껌값인가요?」
http://www.thescoop.co.kr/news/articleView.html?idxno=21289

김미란 기자, 더스쿠프, 207호, 「저출산의 늪❺ "모든 아이는 국가가 키운다"」
http://www.thescoop.co.kr/news/articleView.html?idxno=21273

김미란 기자, 더스쿠프, 207호, 「저출산의 늪❻ 비현실적 지원에 엄마들이 뿔났다」
http://www.thescoop.co.kr/news/articleView.html?idxno=21279

강이슬 기자, 뉴스투데이, 2018년 8월 23일, 「[출산율 0.97명 시대를 이기는 기업들]① 선제적 대응기업 삼성전자, 육아휴직 2년에 '난임 휴가'도 신설」
http://www.news2day.co.kr/109547

이안나 기자, 뉴스투데이, 2018년 8월 24일, 「[출산율 0.97명 시대를 이기는 기업들]② LG, 근로시간 단축과 '생애 주기별 지원' 등 아이디어가 빛나는 회사」
http://www.news2day.co.kr/109561

송은호 기자, 뉴스투데이, 2018년 8월 24일, 「[출산율 0.97명 시대를 이기는 기업들]③ KB 및 삼성증권 등 증권업계, '출산지원제도'가 연봉만큼 후해」
http://www.news2day.co.kr/109598

이안나 기자, 뉴스투데이, 2018년 8월 24일, 「[출산율 0.97명 시대를 이기는 기업들]④ SK, 선진화된 출산·육아지원 정책으로 '양성평등기업' 도약」
http://www.news2day.co.kr/109595

김성권 기자, 뉴스투데이, 2018년 8월 24일, 「[출산율 0.97명 시대를 이기는 기업들]⑤ GS·SK건설 등 남성 육아휴직 권장」
http://www.news2day.co.kr/109592

이지우 기자, 뉴스투데이, 2018년 8월 26일, 「[출산율 0.97명 시대를 이기는 기업들]⑥ 은행권 '神'의 출산지원정책」
http://www.news2day.co.kr/109617

강소슬 기자, 뉴스투데이, 2018년 8월 27일, 「[출산율 0.97명 시대를 이기는 기업들]⑦ 현대차그룹, 출산·육아 '복지제도'에다 '경단녀' 고용도」
http://www.news2day.co.kr/109627

강이슬 기자, 뉴스투데이, 2018년 8월 28일, 「[출산율 0.97명 시대를 이기는 기업들]⑧ 백화점업계, 男女 차별 없앤 '출산 정책'」
http://www.news2day.co.kr/109645

최훈길 기자, 이데일리, 2018년 7월 27일, 「황수경 통계청장 "올해 출산율 1.0명..굉장히 심각"」
http://www.edaily.co.kr/news/read?newsId=04847846619278784&mediaCodeNo=257&OutLnkChk=Y

강윤경 기자, 김잔디 연합뉴스 IT의료과학부 기자, 월간 마이더스, 2018년 8월 호, 「올해 합계출산율 1명도 '위태'」
http://www.yonhapmidas.com/article/180803171256_896551

김인유 기자, 연합뉴스, 2018년 1월 2일, 「[다둥이의 희망] ③ 애 안 낳는 시대 저출산 해법은 "다자녀 파격 지원"」
https://www.yna.co.kr/view/AKR20171220179600061?input=1195m

최원국 기자, 김성모 기자, 조선일보, 2018년 1월 1일, 「"文정부 임기 끝나는 2022년, 출생아 年 30만명선 붕괴"」
http://news.chosun.com/site/data/html_dir/2018/01/01/2018010100209.html

남궁창성 서울본부 취재국장, 조영태 서울대학교 보건대학원 교수, 강원도민일보, 2018년 1월 2일, 「신년대담-인구절벽 극복 전문가에게 듣는다」
http://www.kado.net/?mod=news&act=articleView&idxno=890588

[PopulationPyramid.net] Population Pyramids of the World from 1950 to 2100
https://www.populationpyramid.net/